서른다섯까지는
연습이다

서른다섯까지는 연습이다

노진희 지음

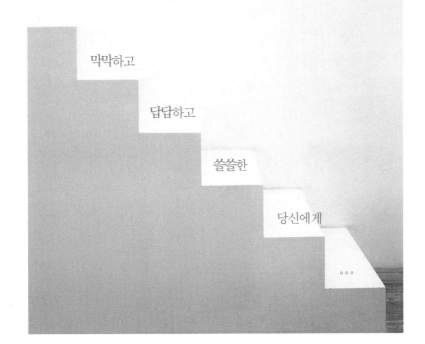

막막하고

답답하고

쓸쓸한

당신에게

알투스

걱정봇물 대신
인생의 늦은 꽃봉오리가
팡, 하고 터지길…

들쑥날쑥, 너덜너덜이 인생의 키워드인
서른다섯 살 연습생이 건네는 위로

35년을 연습생으로 살았다. 딴에는 열심히 한다고 했는데, 여태 데뷔도 못하고 무대 위에서 반짝반짝 빛나는 또래 스타들을 그저 바라보며 부러워하는 연습생. '나도 곧 무대에 오를 수 있겠지. 무대에 서기만 하면 그 누구보다 빛날 텐데……' 생각하며 주저앉고 싶은 몸과 마음을 '끙!' 하고 다시 일으켜세우는 연습생. 하지만 "나이도 많고…… 이제 너무 늦은 거 아냐?" 주변의 염려 또는 참견에 주눅이 들고 마는 서른다섯 살의 연습생.

소란스럽게 화려했던 밀레니엄의 시작과 함께 직장생활을 시작했고, 나도 모르는 사이에 10년 세월이 훅 가버렸다(나는 '정말' 모르겠다). '21세기 직장녀'가 된 이래로 나는 성공 비슷한 것도 못했고, 남들은 두 번도 하는 결혼도 못했으며, 그렇다고 혼자 고고하게 살 수 있을 만큼 야무지게 재테크도 못했고…… 온통 못한 것투성이다.

'어, 이게 아닌데……' 하면서도 무엇이 맞는 건지 잘 몰랐고, 내가 정답이라고 생각하며 내렸던 결정은 되레 덫이 되어 나를 넘어뜨리곤 했다. 때로는 아팠고 때로는 우스웠던 좌충우돌과 시행착오의 기록이 빽빽이 들어찬 나의 10년은 엉망진창 연습장 같다.

이제 서른다섯이라는 생각에 새삼스럽게 그리고 소스라치게 놀란 어느 밤, 이제 그 헌 연습장일랑은 덮고 새 노트를 펼치고 싶다는 생각이 들었다. 그런데 이 무슨 어이없는 반전이란 말인가. 버리기에는 아깝다는 마음이 드는 것이다. 그 낡아빠진 연습장을 말이다.

남들이 행여 볼까 꽁꽁 숨겨놓은 부끄러운 연습장이었다. 나 자신도 다시 들춰보고 싶지 않을 만큼 삐뚤삐뚤 웃기는 연습장이었다. 그걸 속 시원하게 버려야 할 순간, 기묘하게도 이런 생각이 들었다. 내 연습장이 지금 한창 좌충우돌 연습중인 후배들에게 "나는 이렇게 실수하고 헤맸어. 그러니 나처럼 살지 마"라고 조언 아닌 조언을 해줄 수 있지 않을까? 알파걸도 엄친딸도 아닌 내가 그런 얘기를 하면, 한편으론 오싹하지만 또 한편으로는 '그래, 저렇게 어설픈 언니도 있는데……' 스스로를 위로하며 편안해할 수도 있겠다 싶었다. 그래서 나

7

의 부끄러운 이야기들을 부끄러운 줄도 모르고 썼다. 아니, 애써 부끄럽지 않은 척하며 썼다.

직장생활 12년, 그사이 일터를 일곱 번 옮겼다. 중간중간 열받으면 사표 던지고 뉴욕으로 캐나다로 홍콩으로 일본으로…… 짧게는 한 달 길게는 1년 역마살 낀 것처럼 돌아다니기도 했다. 그렇게 여기저기 이곳저곳을 헤매다녔어도 결국 나를 사로잡은 건 훈남도 꽃남도 아닌 훈훈하고 멋진 카피였다. 12년 동안 통장에 쌓인 건 없지만, 내 노트북에는 가슴을 치고 머리를 두드리는 세계 각국의 명카피가 수북하게 쌓여 있다.

지금 생각해보면 나는 야무지게 제 앞가림 잘하는 후배가 아니었다. 덕분에(?) 늘 아슬아슬한 후배 불러앉혀놓고, 때로는 따끔하게 방향을 잡아주고 때로는 따뜻하게 품어준 좋은 선배가 많다.

자리도 못 잡고 마음은 더더욱 못 잡은 채 수없이 고꾸라졌지만, 엎어지면서도 용케 두 눈은 감지 않았다. 나는 이렇게 시시때때로 철퍼덕 엎어지는데, 다른 사람들은 어째서 안 넘어지고 제 갈길 잘 가고 있는지, 그 와중에도 오지랖 넓게 봐야 했기 때문이다.

요즘도 나는 가끔 한숨을 지으며 생각한다. '나는 왜 이렇게 만날 실수투성일까?' '나이를 먹을수록 단단해지기는커녕 갈수록 물러 터지기만 하니, 나는 아직도 왜 이 모양일까?' 그리고 가끔 혼잣말을 한다. "이까짓 인생, 아무렇게나 살면 어때?" 하지만 이렇게 말하는 나는 사실, 누구보다 인생을 제대로 멋지게 살아보고 싶은 건 아닐까. "그까짓 영화 안 만들면 어때"라고 말했지만 전 생애를 영화에 바친 알프레드 히치콕처럼.

그러니 당신이 만약 오늘도 한숨을 내쉬며 '나는 왜 이럴까?' 생각했다면, 당신은 지금 잘살고 있는 거라고 감히 이야기해주고 싶다.

사실 이 책의 절반은 다른 나라의 명카피라이터들이 써줬다. 나

머지 절반은 허둥지둥 실수투성이 나를 곁에 둔 죄(?)로 이 책에 등
장하는 인물들이 조금씩 채우고 메꿔주었다. 혼자서는 단 한 줄도 쓰
지 못했을 부족한 사람의 책이지만, 세상 어디선가 나처럼 막막하고
쓸쓸해하는 사람들에게, 부족하지만 함께 겪는 사람의 마음이 느껴
지는 위로 한 마디 건넬 수 있기를 진심으로 바란다.

2012년 1월 1일

대한민국에서 가장 여린 카피라이터 노진희

Thanks Note

가족, 선배, 후배, 친구, 연인, 동료…… 소중하고 고마운 사람들의 특징은 서로의 타이틀을 마구 넘나들어도 전혀 무리가 없다는 것입니다. 엄마 같은 친구, 친구 같은 선배, 선배 같은 아빠…… 그 어떤 조합도 달그락거리지 않습니다. 굳이 어떤 구분이 필요하지 않은 그 사람들의 이름을 적어봅니다. 강지영, 김효선, 노맹섭, 노진규, 문서희, 미카, 박광하, 박영순, 손은주, 양현, 에이미, 여승수, 원혜진, 이새로미, 이선화, 이안서경, 정효은, 조희숙…… 고맙습니다. 저처럼 모자란 사람에게 전혀 아깝지 않은 듯, 당신의 넘치는 마음을 뚝 떼어줘서…….

11
...

프롤로그
들쑥날쑥, 너덜너덜이 인생의 키워드인 서른다섯 살 연습생이 건네는 위로   6

나는 그랬다…

똑똑해지는 법도 모르면서
똑똑한 줄 착각했다.
이제 알겠다.
치유하는 방법을 알면
깨지고 다치는 것도 두렵지 않다는 것을.

계산할 줄 모르는 바보가 돼라 똑똑해지는 법   19

후회는 주워담는 법을 알게 한다 제대로 후회하는 법   27

아.버.지. 라는 세 글자를 되뇌어보라 빨리 철드는 법   37

처음부터 가능한 것은 세상에 없다 불가능을 없애는 법   45

나의 길을 막는 유일한 벽은 나 자신이다 내 앞길 여는 법   53

나는 나를 일으켜세우기 위해 존재한다 좌절하지 않는 법   63

공부하러 떠나지 말고 공부하고 떠나라 두 번째 인생을 준비하는 법   71

온전히 나와 단둘이 마주하라 상처를 치유하는 법   79

2

나는 몰랐다…

사랑에도 예습이 필요하다는 것을.
이제 알겠다.
상처 주고 상처 받는 사랑은 사랑이 아니라는 걸.
좋은 사람 천천히 똑똑하게 고르려면
사랑보다 사랑에 대한 공부가 먼저다.

사람은 늙지만 사랑은 늙지 않는다 남자 고르는 법   91
사랑보다 먼저 책임에 대해 생각하라 임신에 대처하는 법   101
헤어진 남자는 재활용도 못하는 쓰레기다 실연을 극복하는 법   109
잘못 걸려온 전화를 어떻게 받는지 보라 성공할 남자 고르는 법   117

나는 바랐다…

번듯한 직장에서 일 잘한다는 소리 듣고
승승장구 승진해서 돈도 잘 벌 수 있기를.
이제 알겠다.
취직하는 방법도 직장생활 잘하는 법도 모르면서
실업률 타령만 하고 있었다는 것을.

운동화 끈을 수시로 조여매자 오기를 키우는 법   127

가장 잘하고 싶은 한 가지가 스펙이다 스펙 쌓는 법   135

'원 오브 뎀'이 되지 말자 차이를 만드는 법   143

상사를 좋아하는 만큼 좋은 상사가 된다 직장생활 잘하는 법   151

나의 말이 나의 미래를 만든다 말 잘하는 법   157

말은 아끼되 칭찬과 사과는 아끼지 마라 칭찬과 사과를 잘하는 법   167

솔직할 때와 솔직하지 말아야 할 때를 구분하자 필요한 만큼만 솔직해지는 법   175

가까운 곳에서 멘토를 찾아라 멘토 구하는 법   185

쉬는 법을 모르면 계속 쉬게 된다 잘 쉬는 법   195

4

나는 속았다…

항상 웃고 행복한 사람은
원래부터 운이 좋은 사람인 줄 알았다.
이제 알겠다.
매일 행복할 준비를 하는 사람이
평생 운 좋은 사람이 될 수 있다는 것을.

엄마는 정답은 몰라도 틀린 답이 뭔지는 안다 엄마 걱정 덜어드리는 법   207

딱 스물다섯에 나이 먹기를 멈춰라 나이 들지 않는 법   215

나를 알아야 나의 스타일도 생긴다 스타일 살리는 법   223

세상에서 제일 예쁘고 똑똑한 사람은 나다 나를 사랑하는 법   231

샤넬백보다 샤넬정신이 나를 빛나게 한다 브랜드에 속지 않는 법   239

반복되는 일상에서 행복찾기 놀이를 하자 매일 행복해지는 법   247

검약하게 살면 돈이 나를 알아본다 돈 버는 법   253

독서는 납작한 코를 세우는 성형술이다 책에서 얻는 법   261

나에 대한 나의 생각 속에 정답이 있다 남 신경 안 쓰는 법   269

1

나는 그랬다…

똑똑해지는 법도 모르면서
똑똑한 줄 착각했다.
이제 알겠다.
치유하는 방법을 알면
깨지고 다치는 것도
두렵지 않다는 것을.

미친 바보들에게 경배를!
부적응자, 반역자, 트러블메이커.
사각 구멍에 박힌 둥근 못.
세상을 다르게 보는 사람.
그들은 룰을 좋아하지 않는다.
현실을 있는 그대로 받아들이지 않는다.
당신은 그들이 한 말을 인용할 수도 있고,
반대로 그들의 생각에 이의를 제기할 수도 있다.
그들을 찬미할 수도, 헐뜯을 수도 있다.
하지만 결코, 그들을 무시할 수는 없을 것이다.
그들이 세상을 바꾸고
인류의 진보를 앞당기기 때문이다.
사람들이 그들을 미쳤다고 할 때,
우리는 그 바보들에게서 천재를 본다.
왜냐하면, 세상을 바꿀 수 있다고 생각할 정도로
미친 바보들이야말로
이 세상을 바꾸는 사람들이기 때문이다.

_미국 애플 TV광고 카피

똑똑해지는 법

계산할 줄 모르는 바보가 돼라

'미친 바보들에게 경배를!' 스티브 잡스가 직접 내레이션을 맡은 1997년 애플 TV광고에는 알베르트 아인슈타인, 밥 딜런, 마틴 루서 킹, 존 레넌, 토머스 에디슨, 무하마드 알리, 마리아 칼라스, 마하트마 간디 등이 등장한다. 그리고 얼마 전 세상을 떠난 스티브 잡스의 추도식에서 앨 고어, 노라 존스, 콜드플레이 등이 이 카피를 읽었다. 스티브 잡스가 살아생전 이 세상 미친 바보들에게 바쳤던 헌사가 다시 그에게 바쳐졌다.

신기한 일이다. 영어단어 '크레이지crazy'도 우리말 '미치다'도 정신에 이상이 있는 상태라는 뜻과 함께, 무언가를 굉장히 좋아해 지나칠 정도로 열중한다는 의미를 담고 있다.

다른 사람들에게 정신나갔다는 손가락질을 받으면서도 자신이

19

나는 그랬다…

믿는 한 가지에 열중하고, 그것을 위해 다른 건 모두 포기했던 그들의 일생을 '미쳤다'는 말과 함께 '바보스럽다'고 표현하고 싶어서 카피 원문의 'Here's to the crazy ones'를 '미친 바보들에게 경배를'이라고 의역해보았다.

세상을 바꾸고 인류를 진일보하게 하는 것까지는 아니더라도 '이걸 하면 나한테 이런 이익이 떨어지겠지'라는 생각 자체가 없는 사람들, 본인이 좋아하는 일에 푹 빠져 있는 '바보 같은' 사람들은 언제나 나를 감동시키고 반성하게 한다.

그래서 나는 가수 UV를 아주 좋아한다. 노래를 들을 때는 신나고, 인터뷰한 것만 봐도 시원하고 통쾌하다. 얼마 전 잡지 《GQ》에서 읽은 유세윤의 말은 단연 유세윤다웠다.

"음…… 여유가 있는 사람에게 권력이 생기는 것 같다. 우리가 서태지도 아니고 뭣도 아닌데 방송에 안 나간다고 하니까 서태지처럼 되고 있는 거다. 공연만 하니까 '아, 쟤네 진짜 뮤지션이구나' 하고. 그런 게 재미있다."

또 이런 말도 했다. "날 좋아하건 말건 큰 상관 안 한다. 대신 내가 하는 일을 지금 내가 좋아하는지 안 좋아하는지가 중요하다."

내 동생은 중고등학교 시절 동네에서 알아주는 꽃미남이었다. 잘생긴 10대 소년들이 많이 그러듯, 동생도 한 예술대학교 방송연예

20

과에 입학했다. 그런데 졸업을 얼마 안 남겨두고 녀석의 여리여리했던 미모는 급격히 무너지기 시작했고, 슬림했던 보디라인은 울룩불룩 과격해졌다. 보디빌딩에 푹 빠진 동생은 한 달 동안 삶은 계란 흰자만 먹으면서 제 몸의 근육을 조각해나가기 시작했고, 전문 트레이너가 되기 위해 열 개도 넘는 자격증을 모두 땄다.

동생은 작은 피트니스클럽에서 트레이너 생활을 시작했다. 매일 트레이닝복 차림으로 출근하는 녀석을 보며 엄마는 "나도 넥타이 매고 출근하는 아들을 보고 싶다"며 속상해하셨고, 아버지는 심지어 몇 년 동안 동생을 쳐다보지도 않으셨다. 그 모든 안타까움과 차가운 시선에도 녀석은 꿋꿋이 자기가 하고 싶은 일을 계속했다.

4~5년 경력을 쌓은 동생은 유명한 피트니스클럽에서 실력 있는 트레이너로 인정받기에 이르렀다. 엄마 아버지도 이제 한시름 놓겠다며 뿌듯해하셨다.

그런데 어느 날 이 녀석이 그 조건 좋은 피트니스클럽에 사표를 던졌다.

"야, 너 미쳤어?"

깜짝 놀라서 묻는 나에게 동생은 말했다. 사실은 미스터코리아 챔피언이 되는 게 오랜 꿈이라고. 그동안 모은 돈으로 1년 동안 시합 준비에만 열중하고 싶다고.

하루도 안 빼먹고 날마다 계획한 만큼의 훈련을 계속해나가는 동생의 몸에서는 몇 달 내내 또 삶은 계란 비린내가 났다. 아깝게 2위에 머물긴 했지만, 난 그후로 바보스러운 내 동생을 존경하게 되었다.

얼마 전 PT스튜디오를 오픈한 내 동생은 또 바보스러운 짓을 시작했다. 운동하러 오는 고객 대부분이 직장인이라 이른 새벽과 늦은 밤에 레슨하는 것만으로도 피곤할 텐데, 도시락을 싸들고 다니면서 회원들 몸을 만들어주고 있는 것이다. 말 그대로 운동하는 사람들을 위한 고단백 저칼로리 도시락을 직접 싼다. 밤 11시는 돼야 집에 돌아오는 녀석이 잠자리에 들기 전 채소를 식초에 절여놓고, 새벽 4시에 일어나 닭가슴살을 조리하고, 고구마와 계란을 삶고, 방울토마토를 씻는다. 그렇게 매일 아침 새로 만든 '몸짱프로젝트 도시락'을 손수 회원들의 집으로 배달까지 하는 것이다.

"진규야, 너 그 도시락 너무 싸게 파는 거 아니야? 2,000원은 더 받아도 되겠다!"

도와주는 것도 없이 투덜거리는 나에게 동생은 말한다.

"중요한 건, 회원들이 나랑 운동을 해서 효과를 보는 거야. 누나는 잘 알지도 못하면서."

바보 같은 동생한테 괜히 한마디 했다가 본전도 못 찾고 도리어 내가 진짜 바보 취급을 당했지만 마음 한켠이 든든해서 비실비실 웃음이 나왔다. 예전에 동생이 트레이너를 하겠다고 말씀드렸을 때 "어휴!" 외마디 한숨과 함께 돌아앉으셨던 아버지는 이제 새벽마다 조용히 일어나 도시락에 들어갈 삶은 계란의 껍질을 까고 방울토마토 꼭지를 따주신다.

영화 〈빌리 엘리어트Billy Elliot〉에서 주인공 빌리는 "복싱이 아니고 발레? 계집애같이 발레는 무슨 발레냐?"는 아버지의 깊은 실망과 호된 손찌검에도, "호모래요~ 게이래요~" 괴롭히는 학교 친구들의 끈질긴 놀림에도, 그저 바보같이 계속 춤을 췄다. 춤이 너무 좋아서 멈출 수가 없었던 것이다.

수많은 우여곡절 끝에 왕립발레학교 입학 오디션을 보게 된 빌리에게 심사위원이 묻는다.

"춤을 출 때 어떤 느낌이 드니?"

빌리는 영국 북부 탄광촌의 악센트가 강하게 밴 사투리로 떠듬떠듬 대답한다.

"춤을 추는 순간 저는 모든 걸 잊어요. 제 몸 안에 변화가 느껴지면서 불길이 타올라요. 새처럼 날아가는 느낌이에요."

비록 그의 말은 떠듬거렸지만 춤을 추고 싶다는 그의 신념은 춤을 추기 시작한 후 한 번도 떠듬거린 적이 없었다.

'바보'라는 말은 가끔 욕처럼 쓰이지만, 결코 욕이 아니다. 비슷한 의미를 담은 욕들과는 전혀 다른 어감이 있다. 그 말 자체에 드러나지 않는 삶의 지혜가 담겨 있다.

"날 좋아하건 말건 큰 상관 안 한다. 대신 내가 하는 일을 지금 내가 좋아하는지 안 좋아하는지가 중요하다." 유세윤의 말이 그래서 너무 좋다. 내가 이렇게 했을 때 다른 사람들이 좋아할지 싫어할지, 바보는 판단하지 않는다. 내 동생은 "피곤하게 그걸 왜 해? 돈도 안 되는데"라고 뜯어말려도 매일 새벽 몸짱도시락을 싼다. 빌리는 아무리 놀림을 당해도 춤을 추는 것이 그저 좋다.

그래서 바보가 세상에서 제일 무섭다. 난 헛똑똑이지만 바보는 아니다. 내가 좋아서 무언가를 하는 것만큼이나 남들이 좋게 봐줄 무언가를 하는 것이 내겐 늘 중요했다. 잘 굴리지도 못하는 잔머리로 '이걸 해야 이만큼 이익이고, 저걸 하면 내가 손해야' 계산도 많이 했다. 모두가 '좋은 게 좋은 거야' 적당한 융통성으로 적당히 타협할 때 나 혼자 '아냐, 이게 맞아'라며 내가 생각하고 믿는 방향으로 전진해 본 적이 있던가?

차라리 바보라는 소리를 좀 들으면서 서른을 맞았으면 좋았을 걸…… 뒤늦은 후회를 해본다.

똑똑해지는 법

데일 카네기Dale Carnegie는 "자신이 하는 일을 재미없어하는 사람치고 성공하는 사람 못 봤다"고 말했다. 누가 뭐라고 하든, 결과가 어떻게 나오든 상관하지 않고 자기가 좋아하는 일에 매달리는 사람은 남의 눈에 바보처럼 보이기 쉽다. 다른 사람의 시선을 생각하지도 않고 결과를 계산할 줄도 모르기 때문에 바보처럼 순진하다는 생각이 든다.

나는 감히 생각해본다. 먼저 바보가 되어보자고. 눈앞의 이익에 잔머리 굴리지 말고, 내가 아닌 다른 사람 맘에 들기 위해 싫어도 좋은 척하지 말고, 오직 자기 마음과 생각만 읽을 줄 아는 바보처럼 그냥 좋아하는 무언가에 빠져들어버리자고.

우리는 너무나 자주 겁을 낸다.
할 수 없을지도 모른다는 사실에 겁을 내고
내가 뭘 해보려 하면
사람들이 날 어떻게 생각할까 겁을 낸다.
나의 두려움이 나의 희망을 가로막게 놔두고
'예스!'라고 말하고 싶은 순간에 '노'라고 말한다.
소리치고 싶을 때는 가만히 앉아만 있으면서
여럿이 소리칠 땐
입을 다물어야만 하는 순간에도
휩쓸려 소리친다.
왜 그러지?
결국
인생은 한 번밖에 살 수 없는 건데.
정말 겁만 먹고 있을 시간이 없다.
그러니 겁내는 건 그만!
한 번도 시도하지 않은 걸 해보자.
위험을 무릅쓰자.
에디터에게 편지를 써보자.
연봉 인상을 요구하자.
가장 어려운 시합에서 챔피언과 붙어보자.
텔레비전을 던져버리자.
자전거로 전국을 일주해보자.
봅슬레이를 해보자.
뭐라도 해보자.
지명된 타자 대신 내가 한번 쳐보겠다고 해보자.
말이 한 마디도 안 통하는 나라로 여행을 가보자.
특허를 내보자.
그녀에게 전화를 걸자.
잃을 건 아무것도 없고
얻을 것만, 얻을 것만
온통 얻을 것만 있을 뿐이다.
저스트 두 잇!

_미국 나이키 인쇄광고 카피

후회는 주워담는 법을 알게 한다

직장생활 4년차에 접어든 여름, 모교 교수님으로부터 꿈같은 제안을 받았다. 교수님의 지인이 당시 한창 싹을 틔우기 시작한 문화콘텐츠 사업을 구상중인데, 그 회사에 필요한 자료를 수집하고 번역·정리하는 역할을 할 뉴욕 특파원으로 가보지 않겠냐는 것이었다. 대학시절 유학이나 어학연수는 물론 해외여행 경험도 전무했던 나는 그자리에서 "저 갈래요!" 꽥 소리 지르듯 대답해버렸다.

직장생활하면서도 출근길 지하철에서 원서를 읽거나 EBS 영어프로그램을 듣고, 회사에서 업무가 바쁘지 않을 때 짬짬이 영어 카피를 스크랩해 공부하고, 쉬는 날에는 팝송을 듣거나 자막 없이 '미드'를 보면서, 내가 할 수 있는 방법은 죄다 끌어모아 꾸준히 영어공부를 해온 노력을 이제야 보상받는구나 싶었다. 앞뒤 가릴 것 없이 바로 출국준비에 돌입했다.

막상 떠난다고 하니, 잘됐다며 자기 일처럼 기뻐해주는 선후배 동료들이 있는가 하면, 진심어린 따끔한 충고를 해주는 이도 많았다.

"너 아직 대리도 안 달았는데, 갔다 오면 애매해질걸. 다시 잘 생각해봐."

"무슨 외국계 기업 뉴욕 지사로 발령받은 것도 아니고, 유학 가서 가방끈 늘려오겠다는 것도 아니고, 그렇다고 월급이 많은 것도 아닌데…… 어휴, 너 갔다 오면 다시 광고대행사 들어오기 녹록지 않을 거야. 네가 또 철없이 무대포로 그러는 거 아닌지 난 심히 걱정된다, 걱정돼."

"다들 5~6년차쯤 되면 회사생활도 지겨워지고, 뉴욕이니 어디니 가서 유명한 대학 평생교육원 코스 하나 밟고 들어와서 무슨 유학파인 것처럼 행세하는 사람들 많이 봤다만, 그런 거 다 쓸데없다. 너 이제 겨우 4년찬데, 회사 다니면서 일이나 더 잘 배워라."

부모님께는 비자 받고 이민가방에 짐까지 다 싸놓고 "엄마 아빠, 요 앞에 가서 생맥주나 한잔해요" 하고는 일방적으로 통보했다. 아버지는 "그래, 아빠가 진작 못 보내줘서 미안하다"면서 흔쾌히 허락하신 반면, 엄마는 결사반대셨다.

"갔다 오면 서른인데, 결혼할 생각은 않고…… 도대체 어쩌려고 그러니? 우리한테 상의 한 마디도 없이 네 맘대로 결정해버리고, 부모가 부모 같지도 않은 거니?"

"엄마, 가방도 다 싸놨어요. 다시 풀려면 귀찮으니까, 저 그냥 잘 다녀올게요."

나는 그렇게 엄마와 선후배 동료들의 태산 같은 걱정을 뒤로하고 뉴욕행 비행기를 탔다.

1년 반의 뉴욕생활을 끝내고 다시 광고대행사에 복귀하려 하자, 떠나기 전 선배들의 경고 그대로 재취업은 정말 만만치 않았다. 학생비자를 받아서 간 덕분에 우리나라 영화티켓값 정도로 뮤지컬·발레·연극 등 수많은 공연을 볼 수 있었고, 뉴욕의 그 허다한 뮤지엄을 스타벅스처럼 들락거리며 다양한 문화를 흡입하고 왔으니 예전보다 카피를 더 잘 쓸 수 있을 거라는 의욕적인 생각은 나만의 착각이었다. 이력서를 낸 광고대행사 팀장에게 내가 '많이 보고 겪고 배운' 뉴욕에서의 1년 반은 그저 긴 공백일 뿐이었다.

졸업 후 취업이 안 돼서 끙끙 앓던 그 암흑의 시간을 서른을 목전에 둔 시점에 다시 반복하게 된 것이다. 이번에는 취업준비생도 아니고 취업준비 실업자로 지원하고 물먹고, 지원하고 물먹기를 열 번 남짓 거듭한 후에야 다시 직장을 구할 수 있었다. 뉴욕에서 보낸 기간만큼 연차도 깎여서, 같은 해에 입사한 동기들보다 직급도 낮고 연봉도 적었다.

보통의 스토리라면 이쯤에서 '그래도 나는 후회하지 않는다'는 말로 '아름답게' 끝을 맺겠지만, 나는 솔직히 꽤 후회했다. 뉴욕에서 얻은 것도 많지만, 선배들 충고대로 여기 남아서 계속 일했어도 많은 것을 얻고 배웠을 것이다. 최소한 그 서럽고 피곤한 취업활동은 되풀이하지 않았을 것 아닌가.

간혹 "내 사전에 후회란 단어는 없다"고 호기롭게 말하는 사람이 있다. 나는 이해하지 못하겠다. 어떻게 사람이 후회를 안 하고 살 수 있단 말인가. 가슴을 치며 후회도 하고, 후회할 짓을 했으면 절절하게 반성도 하면서 살 수밖에 없지 않은가. 그렇게 후회를 하고 반성을 하고서도 또 후회할 짓을 하고……

그런 친구도 있다. '야무지다'는 표현이 딱 맞는 여자. 야무지게 공부해 좋은 대학 가고, 야무지게 직장생활도 잘하고, 적금도 야무지게 붓다가 신랑감도 딱 좋은 조건으로 야무지게 잡아서 결혼해 잘사는…… 그게 뭐 나쁘지는 않다. 물론 아주 많이 부럽기도 하다. 그런데 왠지 정이 안 가더라, 그런 친구는.

시험기간에는 도서관 자리도 제일 좋은 데로 딱 잡고, 요점정리는 또 어쩌면 그렇게 잘하는지 깨알처럼 촘촘하게 적힌 내용을 잘도 외워서 학점도 잘 받는다. 어쩌다 좀 친해지고 싶어서 "야, 우리 다음 강의 제치고 영화 보러 가자"고 말 붙이면 차가운 시선이 먼저 대답한다. 그러면 괜히 머쓱해져서 책 읽는 척 고개를 숙이게 된다.

내 동기 중에도 그런 '야무진녀'가 있었다. 결근은 물론 지각 한 번 않고, 회의시간에도 늘 열심히 준비해온 것을 야무지게 설명했다. 상사에게 크게 혼나는 일 한 번 없던 그녀는 지금 결혼해서 살림 잘 하고 있다. 앞으로도 그녀는 아마 별 실수 없이 잘 살 것이다.

그런데 불안하다. 어쩌다 본인의 의도와 상관없이 위기가 찾아오면, 그것을 어떻게 극복할 것인가? 매사에 야무지지 못하고 오지랖만 넓은 나는 그녀들 걱정까지 한다. 야무진 그녀들보다 세상이 더 야무질지도 모르니까.

칠칠치 못한 나는 후회를 끌어안고 살아왔다. 괜히 옆자리 재테크고수를 따라 펀드라는 걸 들었다가, 미국발 금융위기 때 산산이 깨져서 얼른 해약해 반의반도 못 건진 걸 얼마나 후회했던가. 다리도 짧은 주제에 스키니진이 유행이라고 덥석 미국물 잔뜩 먹은 놈으로 장만했다가 한 번도 못 입고 장롱에 처박아둔 걸 또 얼마나 후회했던가. 이렇듯 크고 작은 후회 속에 언제나 내가 있었다.

금방 후회할 짓을 질리지도 않고 저질러온 내 청춘이 그야말로 후회스럽지만, 한번 야무지게 살아보라는 미션을 받고 다시 스무 살로 돌아간다고 해도 나는 아마 또 그렇게 후회할 짓만 골라 하며 살아갈 것이다. 그렇듯 상처투성이로 징징 짜며 살아온 '후회놀이'가 아니었다면 나는 지금까지 카피라이터로 살 수 없었을지도 모르고, 이렇게 책이란 걸 쓰고 있지도 못했을 것이다. 온갖 후회짓거리가 내 자산이 되어주었고, 나의 트레이드마크가 되었다.

누구보다 후회할 짓을 많이 해본 나는, 감히 말할 수 있다. 후회할 일을 하지 않으면 평생 빛나는 일도 없을 거라고. 헤밍웨이도《무기여 잘 있거라》에 이렇게 썼다. "세상은 모든 것을 망가뜨리고, 그후 망가진 바로 그곳에서 많은 것이 강해진다."

매달 통장으로 꼬박꼬박 알차게 입금되던 월급을 던져버리고 떠난 타향에서, 0.99달러짜리 햄버거로 끼니를 해결하며 챙겨본 수십 편의 뮤지컬, 어느 날 뮤지컬을 보고 꽂혀 탭댄스를 배우는데, 남의 걸 빌려신어 헐거웠던 탭슈즈가 그만 벗겨져 날아가 연습실 거울을 깨버렸던 가난한 몸개그의 추억, 패션회사에서 하녀처럼 인턴을 할 때 '진희'라는 내 이름을 제니라고 부르다가 한국어를 공부하고는 '젠희, 생일 축하해'라고 써줬던 친구 캐서린…… 이런 경험과 만남들은 나의 후회와 맞바꿔도 아깝지 않을 만큼 충분히 가치있는 것들이었다. 내가 뉴욕에서 좌충우돌한 1년 반 동안 많은 것이 망가졌지만, 그 망가진 곳에서 나는 정말 강해지기도 했으니 말이다.

내 열일곱 살, 혹은 열여덟 살 무렵을 생각하면
몇 가지 후회가 따라 올라온다.
화끈하게 가출 한 번 해보지 못했다는 것,

아버지와 어머니를 사무치게 원망하거나

증오해보지 못했다는 것,

어른들의 눈을 피해 오토바이 꽁무니에

여자아이를 태우고 멋지게 달려보지 못했다는 것,

그리고

혼자서 마음놓고 크게 울어보지 못했다는 것.

_ 안도현,《짜장면》'작가의 말'에서

    시인 안도현의 젊은 날에 대한 후회는 공부 열심히 해서 1등 한 번 해보지 못했다는 것, 무슨무슨 대학에 합격하지 못했다는 것, 이런저런 고시에 패스하지 못했다는 것 따위가 아니다. 그래서 그는 수많은 독자를 가슴 저리게 만드는 아름다운 시를 쓸 수 있었을 것이다. 그래서 안도현의 후회 같은 후회만 하며 살고 싶다.

    엎질러보지 않고서 어떻게 주워담는 법을 알 것인가. 나는 자신 있다. 또 후회할 일을 저지르겠지만, 후회하는 것은 이미 프로급이라 나를 다시 일으켜세우고 위로하며 또 전진할 수 있을 거라는 자신 말이다.

제대로 후회하는 법

'후회'라는 말의 사전적 의미는 '이전의 잘못을 깨치고 뉘우침'이다. 깨치고 뉘우친다는 말은 또 한 번 전진했다는 뜻이다. 후회는 과거지향적인 것이 아니다. 진보다. 잘못을 깨닫고 반성하고 고칠 수 있는 기회를 얻는 것이다. 그러므로 후회할 일을 만들지 않기 위해 영악해지기보다, 후회할지도 모르지만 꼭 하고 싶은 걸 해보는 쪽이 나중에 더 큰 후회를 하지 않게 만드는 처방 아닐까? 그것이 미리미리 제대로 후회하는 방법이다.

효과음	딸랑딸랑(두부장수의 방울소리)
	달각달각(나막신 신고 뛰는 소리)
내레이션	두부장수의 방울소리가 들리면
	어머니는 항상 나막신소리를 높이며 길을 달렸다.
효과음	통통통(도마에 칼질하는 소리)
내레이션	그리고 부엌에서 파를 써는 소리가 들리면
	어김없이 아버지가 돌아오셨다.
효과음	또르르(술잔에 술 따르는 소리)
내레이션	아버지는 매일 밤 위스키를 마셨다.
	산토리 각병을 마셨다.
	작은 잔으로 두 잔, 세 잔.
	절약하며 살던 그때, 각병은 아버지의 드문 사치였다.
배경음악	(라디오에서 흘러나오는 노랫소리)
내레이션	아버지는 라디오를 따라 콧노래를 부른다.
	조금씩조금씩 따르며 입으로 작은 잔을 가져간다.
	그럴 때면 아버지 미간의 주름이 늘어나 눈이 작아진다.
내레이션	반짝반짝 빛나는 자전거가 갖고 싶어!
	어느 날 밤, 나는 아버지에게 졸랐다.
	반짝반짝 빛나는 자전거는 16,000엔.
	아버지 월급의 반을 넘었던 걸로 기억한다.
효과음	(자전거의 벨소리, 신난 아이의 목소리)
내레이션	그후로 아버지는 오랫동안 위스키를 마시지 않았다.
	내 자전거를 산 후, 오랫동안 위스키를 드시지 않았다.
배경음악	(라디오에서 흘러나오는 노랫소리)
내레이션	나의 아버지는 매일 밤 위스키를 마셨다.
	그러나 내가 기억하고 있는 것은……
	아버지, 당신이 마시지 않은 위스키입니다.
	그 반짝반짝 빛나는 자전거와 맞바꾼 아버지의 위스키를
	나는, 지금도, 기억하고 있습니다.
효과음	또르르(술잔에 술 따르는 소리)
내레이션	그때 아버지의 위스키, 지금 나의 위스키.
	산토리 각병!

_ 일본 산토리 각병 라디오광고 카피

아.버.지. 라는 세 글자를 되뇌어보라

이 라디오광고의 내레이션 속 아들은 효자임이 틀림없다. 아버지가 매일 밤 마시던 위스키를 한동안 드시지 않은 것을 알아채다니! 나 같으면 새로 갖게 된 반짝반짝 빛나는 자전거에 홀딱 정신이 팔려, 아버지가 늘 드시던 위스키 따르는 소리가 더 이상 들리지 않는 변화 같은 건 눈치도 못 챘을 텐데……

내가 막 중학교에 입학한 3월의 어느 날, 아버지는 나를 시내 대형서점으로 데리고 가셨다. 나는 중학생이 된 뿌듯함과 설렘, 열심히 공부해 우등생이 되겠다는 의욕 등 이런저런 감정에 우쭐해져서 국·영·수는 물론 가정, 미술, 음악, 체육 문제집까지 죄다 골라 계산대에 수북이 쌓았다. 한 과목에 참고서 한 권씩만 사도 될 것을 굳이 자습서, 문제집, 수련장…… 그 이름도 다양한 종류별로 다 골랐으니, 어림잡아 서른 권 가까이 됐던 것 같다.

계산대 위에 세워진 두 개의 책빌딩. 점원이 책을 한 권 한 권 뒤집어보며 계산을 했고, 책 옆면엔 계산이 끝났다는 확인도장까지 다 찍혔다. 그렇게 계산된 책들이 종이쇼핑백에 차곡차곡 담겼고, 아버지가 지갑을 여셨다. 그런데 선뜻 돈을 꺼내지 않고 만지작거리며 난감한 표정을 지으셨다.

"진희야, 몇 권은 며칠 있다가 다시 와서 사면 안 될까?"

뜻밖의 말에 나는 점원 눈치를 보며 쏘아붙였다.

"내가 옷을 사달래, 음악테이프를 사달래? 공부하겠다고 책 사달라는 건데, 아빤 진짜 왜 그래?"

아버지의 귀가 빨개지는 것이 보였다.

그 책값을 어떻게 지불하고 나왔는지, 다 사가지고 오긴 했는지…… 그후의 상황은 기억이 나지 않는다. "모처럼 나간 김에 돈가스도 사먹이고 싶었는데, 진희 그 가시나 웬 책욕심이 그렇게 많은지……" 아버지가 그날 하셨다는 말씀을, 시간이 한참 지난 후에야 엄마한테 전해들었다. 아버지는 딸이 버르장머리 없이 쏘아붙인 말을, 어린 점원 앞에서 민망했던 상황을 기억하지 않으셨다. 모처럼 딸을 데리고 나갔는데 돈가스 한 접시 먹이지 못한 걸 안타까워하셨을 뿐.

나 같은 딸들은 늘 저만 세상에서 제일 바쁘다. 남자친구가 전화를 안 받으면 '아니, 손가락으로 잠깐 버튼 눌러 어디서 뭐 하는지만 얘기하면 되잖아. 1분이면 끝날 텐데, 그걸 왜 못하는 거지?' 하면서, 부모님한테 전화 한 통 거는 데는 그렇게나 인색하다.

이런 나도 효녀가 될 때가 있다. 이렇게 짠한 산토리 각병 광고를 보거나, 친구의 결혼식에서 경직된 표정으로 입술을 떨다가 결국 눈물을 훔쳐내시는 신부 아버지를 봤을 때, '아버지는 석 달치 사글세가 밀린 지하셋방이다 / 너희들은 햇볕이 잘 드는 전셋집을 얻어 떠나라 / 아버지는 아침 출근길 보도 위에 누가 버린 낡은 신발 한 짝이다 / 너희들은 새 구두를 사 신고 언제든지 길을 떠나라' 같은 시구절을 봤을 때…… 그럴 때만 나는 효녀가 된다.

내 아버지가 없는 자리에서만 나는 쓸데없이 효녀가 된다. 다른 아버지들의 모습 위로 내 아버지의 모습이 겹쳐지는 순간, 어김없이 콧등이 시큰해지면서 '더 잘해드려야지' 굳게 결심한다. 그저 결심만 한다.

"내가 명품을 사달래, 해외여행을 보내달래? 그냥 전화 한 통 하라는 건데, 그게 뭐 그렇게 어렵다고……."

20여 년 전 내가 철없이 투정부렸던 것처럼, 엄마 아버지가 나무라셔도 나는 도무지 할 말이 없는 딸이다. 죄송스러운 건, 부모님은 이런 말씀은 입 밖으로 뻥긋도 안 하신다는 거다. 더 죄송스러운 건, 오랜만에 전화드리면 있는 말 없는 말 길게길게, 말수 적으신 엄마 아버지가 갑자기 수다스러운 아줌마 아저씨가 된다는 거다.

어느 선배가 SNS에 "명색이 카피라이터씩이나 돼서, 아버지한테 드린다는 말씀이 고작 '죄송합니다'밖에 없었다. 이것도 죄송합니다" 라고 올린 글을 봤다. 아버지께 제대로 죄송하다는 말씀도 한 번 못 드린 나는 많이 부끄러웠다.

"아빠, 그날 귀 빨개지게 해서 죄송해요. 이제 저한테 복수라도 해주세요." 그러면 아버지는 "돈가스나 먹으러 가자, 허허!" 하실 것 같다.

나의 고향은 경남 산청이다. 지금도 비교적 가난한 곳이다. 그러나 아버지는 가정형편도 안 되고 머리도 안 되는데도 아들인 나를 대구로 유학을 보냈다.

대구중학을 다녔는데, 공부가 하기 싫었다. 그 결과는 1학년 여름방학 때 성적표로 나타났다. 1학년 8반, 석차 68/68, 꼴찌를 했다. 부끄러운 성적표를 갖고 고향으로 가는 어린 마음에도 아버지를 생각하면 그 성적을 내밀 자신이 없었다. 당신이 교육을 받지 못한 한을 자식을 통해 풀고자 했는데, 꼴찌라니……

끼니를 제대로 잇지 못하는 소작농을 하면서도 아들을 중학교에 보낼 생각을 한 아버지를 생각하면 그냥 있을 수 없었다. 잉크로 기록된 성적표를 석차 1/68로 고쳐 아버지께 보여드렸다.

아버지와 어머니는 보통학교도 다니지 않았으므로 내가 1등으로 고친 성적표를 알아차리지 못하셨다. 참으로 다행한 일이었다.

대구로 유학 간 아들이 집으로 왔으니 친지들이 몰려와 "찬석이는 공부를 잘했더냐?" 하고 물었다. 아버지는 "앞으로 봐야제. 이번에는 1등을 했는가배" 했다. "명순(아버지)이는 자식 하나는 잘 뒀어. 1등을 했으면 책거리를 해야제" 했다.

당시 아버지는 처가살이를 했고, 우리집은 동네에서 가장 가난한 살림이었다.

이튿날 강에서 멱을 감고 돌아오니, 아버지는 한 마리뿐인 돼지를 잡아 동네 사람을 모아놓고 잔치를 하고 있었다. 그 돼지는 우리집 재산목록 1호였다. 기가 막힌 일이 벌어진 것이다.

"아부지……" 하고 불렀지만 다음 말을 할 수가 없었다. 그리고 달려나갔다. 등 뒤로 나를 부르는 소리가 들렸다.

겁이 난 나는 강으로 가 죽어버리고 싶은 마음에 물속에서 숨을 안 쉬고 버티기도 했고, 주먹으로 내 머리를 내리치기도 했다.

충격적인 그 사건 이후 나는 달라졌다. 항상 그 일이 머리에 떠올랐기 때문이다. 그로부터 17년 후 나는 대학 교수가 되었다.

그리고 나의 아들이 중학교에 입학했을 때, 그러니까 내 나이 마흔다섯 살이 되던 날, 부모님 앞에 33년 전의 일을 뒤늦게 사과하기 위해 "어무이, 저 중학교 1학년 때 1등은요……" 하고 시작하려는데, 옆에서 담배를 피우시던 아버지가 "알고 있었다. 그만해라.

민우(손자)가 듣는다"고 하셨다.

자식의 위조한 성적을 알고도 돼지를 잡아 잔치를 하신 부모님 마음을, 박사이고 교수이고 대학 총장인 나는 아직도 감히 물을 수가 없다.

_ 박찬석(전 경북대 총장), 〈아버지의 큰 사랑〉

명문이다. 인터넷에서도 수많은 댓글이 붙었다. 글을 읽고 한참이나 가슴이 먹먹했다고들 한다. 나 또한 멍한 가슴을 진정시키느라 애를 먹었다. 박찬석 총장은 이 시절에 번쩍 철이 들어버렸을 것이다. 그래서 꼴찌를 하던 그 까까머리 중학생이 정신을 바짝 차리고 공부해 교수도 되고 대학 총장까지 될 수 있었을 것이다.

군인이셨기에 크게 여유가 없었던 아버지를 졸라 30여 권의 참고서와 문제집을 한꺼번에 사댄 철없는 딸에게 오히려 돈가스 한 접시 먹이지 못한 걸 내내 마음 아파하셨던 내 아버지나, 1등이 아닌 것을 알면서도 재산목록 1호인 돼지를 잡아 동네잔치를 하고 평생 모르는 척 넘어가주신 박찬석 총장의 아버지나, 자식 때문에 마음고생 한번쯤 진하게 해보셨을 세상의 모든 아버지……

나이 서른이 넘었다면 누구나, 세상에서 가장 강하지만 또 세상에서 가장 여린 이름이기도 한 '아버지'라는 세 글자를 한번쯤 되뇌어보게 된다. 아버지가 되었거나, 아버지가 될 나이가 되면 누구나 그럴 것이다. 조금만 더 일찍 철이 들었더라면, 아버지의 허벅지가 이렇게 가늘어지기 전에 좀더 든든한 자식이 되어드릴 수 있었을 것을, 내 삶도 일도 좀더 탄탄하게 다져 당신의 자랑거리가 되어드릴 수 있었을 것을……

빨리 철드는 법

성공이란 성적순이 아니다. 성공이란, 철드는 순이다. 빨리 철들면 세상에 노력하는 사람을 이기는 기술은 없다는 것을 알게 되고, 빨리 철들면 다른 사람에 대한 배려가 타인보다 나은 나를 만드는 나에 대한 배려임을 깨닫게 된다. 나 때문에 가슴 아파도 티내실 줄 몰랐던 '아버지'라는 이름을 자꾸 불러보면 어느새 철이 좀 들어 있는 자신을 만나게 될 것이다.

'불가능하다'는 말이 있다.
인생을 바꾸려 애쓰기보다는 생긴 대로 사는 게 속 편하다고 생각하는
무력한 사람들이 내뱉는 참 강력한 말이다.
'불가능하다'는 실제상황을 객관적으로 표현한 말이 아니다.
불가능하다 말하고 있는 그 사람의 주관적인 의견일 뿐이다.
'불가능하다'는 평가가 대단한 공신력을 갖는 것도 아니다.
불가능하긴 한데 해볼 테면 해보라는 말이다.
불가능은 잠재력을 가졌다.
불가능은 일시적이다.
불가능, 그것은 아무것도 아니다.

_미국 아디다스 TV광고 카피

처음부터 가능한 것은 세상에 없다

'백수다. 잘렸다. 질리도록 놀고 있다. 그러니 어서 가여운 후배를 위해 괜찮은 카피라이터 자리 하나 알아봐주길.'

무언의 청탁을 한 지도 6개월이 지났다. 그나마 백수의 얇은 지갑을 채워주던 실업급여도 끝나가는데, 혹하는 자리는 선뜻 나질 않는다. 부모님은 여전히 모르신다. 알아봐야 좋을 것 없다. 하나밖에 없는 잘난 딸내미가 회사에서 잘렸다는데 어느 부모가 좋아라 하겠나. 효도는 못할망정 차마 실망시켜드릴 수는 없다. 나중에 취직되면 좋은 조건이라 옮겼다고 둘러대자. 그렇게 되새김질했다. 조만간 되겠지. 좋은 자리 하나 나오겠지. 하지만 연락 오는 곳은 없고 통장 잔고는 서서히 바닥을 드러내, 다달이 나가는 관리비와 커피값이 대부분인 갖가지 카드청구서도 부담스러워지기 시작한다.

나는 그랬다…

그런데 이 눈치 없는 남자, 내 앞에서 부럽다는 듯 히죽히죽 웃으며, 휴가 길게 쓴다 생각하고 그동안 못해본 거 다 해보란다.

"내가 지금 취직하는 거 말고 뭘 할 수 있겠어? 이 나이에 가능한 게 뭐가 있는데?" 야멸차게 쏘아붙였더니, 그것도 아니면 네가 진짜로 하고 싶은 게 뭐였는지 찾아보란다. 불가능하다 생각하지 말고, 네 인생을 바꿀 수 있는 방법을 찾는 데 시간을 써보란다. 나는 돈 벌어서 돈 써보고 싶을 뿐인데, 돈 많이 못 벌어도 좋단다. 네가 하고 싶은 거 했으면 좋겠단다.

그렇게 말하고 돌아서는 그 남자, 뒤통수까지 얄미워 보인다. 누가 보면 재벌 2세쯤 되는 줄 알겠다. 돈 많이 못 벌어도 좋은 게 아니라 돈 안 벌어도 좋다고, 돈은 내가 다 대주겠다고 하면 안 되나.

아무튼 누구는 뭐 그러고 싶지 않아서 애면글면 일자리에 목을 매고 있나. 마음 편히 여유있게 가는 휴가랑, 회사 잘리고 마지못해 쉬는 거랑 어떻게 같단 말인가. 이심전심까지는 아니어도, 그 나이에 그 정도 생각도 없나 싶다. 차라리 돈 많은 남자친구였으면 여행이라도 보내달라고 떼라도 썼을 텐데…… 가끔은 위로랍시고 던지는 말들에 가을 전어 가시 발라내듯 더 신경이 곤두선다.

아마 그맘때였을 것이다. 그 이야기를 처음 들은 게. 남자친구 어릴 적 시골에서 살 때 옆집에 사시던 어느 할머니 이야기였다. 남편은 당뇨합병증으로 먼저 보냈고, 큰아들은 미국에서 제법 이름있는 대학 교수고, 두 딸은 서울과 부산에서 잘살고 있는 그 할머니는 말년에 조금 외로운 것 빼고는 남부러울 게 없는 분이셨다. 자식 셋 잘 키워 시집장가 보내고 여생을 여유롭게 보내는 복 많은 할머니.

"그 할머니가 나를 많이 예뻐하셨어. 내가 인사할 때마다 인사성 밝다고 머리 쓰다듬으며 사탕을 주시곤 했지. 팔각형 모양의 스카치캔디, 알지? 난 커피맛을 특히 좋아했어. 아무튼 피붙이는 아니지만 스카치 할머니, 스카치 할머니 하면서 꽤나 따랐나 봐. 언젠가 볕 좋은 날, 마당 평상에 앉은 할머니가 날 부르셨어. '난 세상 부러울 게 없다. 팔십 평생 후회 없이 아옹다옹 잘 살았고, 자랑거리였던 자식들도 잘 컸으니 여한이 없다' 하셨지. 어린 내가 보기에도 마을에서 가장 크고 좋은 집에 사는 부자할머니라 욕심도 없겠다 싶었어. 그런데 장마가 끝날 즈음, 그 할머니가 갑자기 사라져버렸지 뭐야. 그후로 두 번 다시 뵙지 못했어. 동네 사람들 모두 할머니가 자식네 가신 줄로만 알았지. 그런데 얼마 후에 작은 시골마을이 발칵 뒤집혔어. 미국에 있다는 큰아들, 서울과 부산에 산다는 두 딸이 한꺼번에 집으로 찾아왔으니까. 할머니는 아무도 모르게 실종되셨던 거야. 시골마을이 한동안 시끌시끌했어. 돈을 노린 납치다, 갑작스럽게 치매에 걸려 집을 잊어버리신 거다…… 온갖 추측이 난무했고, 경찰에 신문사 기자들까지 다녀갔으니 시골에서는 꽤나 큰 사건이었지. 그 할머니의 행방은 아직도 몰라. 시신은 고사하고 실종사건의 단서 하나 못 찾았거든. 몇 년 후 자식들도 포기했는지 집을 팔아버렸어. 벌써 20여 년이나 지난 사건인데, 난 이상하게 어제 일처럼 생생해. 할머니가 마지막으로 내게 한 말이 잊혀지지 않아. '꼭 한 번만이라도 그때로 돌아갈 수 있다면, 내가 가진 거 다 놓을 수 있는데, 안 되겠지? 정말 안 되겠지?' 그때는 무슨 말인지 몰랐어. 그런데 말야, 이제는 어렴풋이 알 것도 같아. 그 스카치 할머니, 어디로 가셨는지……."

밑도 끝도 없는 남자친구의 스카치 할머니 사건 이야기에 나도 적잖이 빠져들었다. 그러게, 어떻게 된 일이래? 시골도 서울만큼 무섭네. 그래, 그 할머니 어디로 가셨는데?

남자친구는 혼자만 알고 있는 큰 비밀을 폭로하기라도 하듯 의자를 바짝 당기더니 천천히 이야기를 이어갔다.

"그 할머니 말야…… 스카치 할머니는 바로 너야! 여든 넘은 그 할머니가 한평생 일궈놓은 거 다 버리고 네가 된 거야. 알겠어? 그 할머니가 꼭 한 번만이라도 그때로 돌아가고 싶어 하셨다고 했지? 그래서 지금의 너로 오신 거야. 서른세 살에 백수에다 가진 것도 별로 없는 남자를 애인으로 둔 노진희가 되신 거지. 자식도 돈도 다 버리고 말이야. 그러니 넌 50년을 번 셈이야. 그럼 뭘 하더라도 늦지 않았겠지? 뭐든 할 수 있는 나이겠지? 그러니 초조해하지 말고 차분하게 생각해봐. 되찾은 50년 동안 뭘 할지 말이야."

뒤통수를 한 대 얻어맞은 기분이었다. 김 부장표 개그보다 썰렁

하고 유치하지만, 그 허황된 이야기에 내 가슴 한쪽은 뾰족한 가시에 제대로 찔린 듯 따끔거렸다. 그래, 틀린 말은 아니다. 뭘 하든 결코 늦은 나이는 아니다. 맞다, 오히려 다행이다. 그 할머니, 마흔 넘어서 왔으면, 아니 쉰을 넘겨서 왔더라면 어쩔 뻔했나. 천만다행이다. 그 할머니가 지금 서른셋에 와준 것이. 그리고 까르띠에 반지는 못 사줘도 나에게 50년을 선물하는 뻥쟁이 남자친구가 있다는 것이.

겉으로는 "나이라는 숫자 따위에 신경쓰지 않는다"고 큰소리치면서도, 서른셋에 실업자가 되었으니 '이 나이에 어떡하냐'며 평정심을 잃고 종종거렸던 나는 여전히 아직 덜 자란 어린애였다.

브라질의 소설가 파울루 코엘류Paulo Coelho는 열일곱 살 이후 정신병원에 수차례 입원했고, 히피문화에 심취해 20대를 록밴드 멤버로 보냈다. 군사독재에 반대하다 수감되어 고문을 당하기도 했다. 그런 그가 서른여덟 살에 산티아고 순례자의 길을 걷는 고독한 여행을 마친 후, 마흔 살에 첫 작품《순례자》를 세상에 내놓았다. 내가 사랑하는 박완서, 은희경 같은 작가들이 데뷔한 나이도 마흔이다. 심지어 마르그리트 뒤라스Marguerite Duras는 50대에《히로시마 내 사랑》을 썼고, 《연인》이라는 걸작을 발표한 것은 65세 때였다.

정신병원에 입원해 있던 20대의 코엘류에게 전세계적인 베스트셀러 작가가 되는 것은 불가능이었을 것이다. 뒤라스는 '쓴다는 것,

49

나는 불가능하다'라고 쓴 적도 있다. 처음부터 가능했던 사람은 세상에 없는 것이다.

"이미 늦었어. 하려면 진작 했어야지." "이 나이에 뭘. 워워, 오버하지 말자." "해도 안 될걸 뭐, 불가능한 일이야." 우리는 언제나 이런 핑계들로 스스로를 제자리에 꾹 눌러앉힐 준비가 돼 있는 사람들 같다. 영악한 자기합리화, 부질없는 자아비판으로 자기 앞길을 가로막는 데 도가 튼 사람들 같다.

미국 제너럴일렉트로닉스가 한창 전성기를 누리던 시절, 제1연구소 리더였던 윌리스 R. 휘트니는 이런 말을 했다.

"다들 자신이 하고 싶은 일에 대해 그걸 할 수 없는 수천 가지 이유를 댄다. 그러나 하고 싶은 일에는 그 일을 해야 할 단 한 가지 이유만 있으면 된다."

수많은 이유는 수많은 가능성의 가지를 서걱서걱 쳐낸다. 하지만 '안 늦었어. 해보겠어'라는 심플한 이유 하나면 우린 뭐든 치고나갈 수 있다. 불가능이란 세상에서 가장 필요없는 말이라는 것을 명심하자.

불가능을 없애는 법

살다 보면 불가능한 것이 얼마나 많은가. 가능한 것 몇 가지 빼고는 다 불가능하다. '나의 사전에는 불가능이란 없다'는 말은 나폴레옹에게나 통하는 이야기다. 그러나 월트 디즈니는 젊은 날을 이렇게 회고했다. "나는 불가능을 몰랐다. 나는 뛰어가서 찬스를 잡고 해보았다."

얼른 뛰어가서 찬스를 잡고 일단 해보면 불가능도 가능하게 만들 수 있지만, 그저 몸만 사리고 앉아 있으면 가능한 것조차 불가능의 나락으로 떨어진다. 머리를 백지처럼 비우고 일단 시작해보자. 얼른 뛰어가서 찬스를 잡고 해보는 거다.

나는 그랬다…

당신이 앞으로 나가는 걸 막는
유일한 것은 당신이다.

_ 네덜란드 타임아웃매거진 암스테르담 인쇄광고 카피

나의 길을 막는 유일한 벽은 나 자신이다

어느덧 10년 넘게 일을 하다 보니, 본의 아니게 예비광고인이나 취업준비생들이 공부하는 자리에 불려가, 나도 아직 잘 모르는 광고 이야기를 하고, 나도 아직 잘 못 쓰는 카피 이야기를 하게 되는 경우가 있다.

그렇게 쑥스러운 특강 아닌 특강이 끝나고 나면, 내 어쭙잖은 강의를 들어준 이들이 하나둘 먹먹한 고민을 털어놓기 시작한다. 그저 몇 년 일찍 직업인이 된 선배로서, 그들이 꿈을 펼쳐볼 일자리조차 많지 않은 현실에 죄스러운 마음이 들어 늦은 시간까지 고민을 들어주게 된다.

어떤 고민들은 참 절박하긴 한데 뭐라고 딱히 조언을 해줄 수 없는 경우가 있다. 그 대표적인 예가 다음에 소개하는 두 가지다. 미안하지만 후배들아, 제발 선배들에게 이런 고민은 털어놓지 말아줄래! 선배들도 바쁘고 피곤하단다.

Q 저는 4학년 여름방학부터 닥치는 대로 광고 관련 일을 했어요. 조그만 대행사에서 일하기도 했고, 두 군데에서는 프로덕션 조감독으로도 일했어요. 그런데 막상 제가 생각했던 광고랑 많이 다르더라고요. 정말 겉도 속도 완전히 크리에이티브한 사람들, 현실에 안주하지 않는 사람들이랑 일하고 싶었는데, 겪어본 현실은 번번이 실망스러웠어요. 그때마다 회사를 옮기다 보니 1년 반 사이에 벌써 대여섯 군데나 전전하고 있어요. 광고가 제 적성이 아닌 걸까요? 제가 이 업계에 바라는 기준이 너무 높은 걸까요?

A 그 어떤 광고천재도 광고가 당신의 적성인지 아닌지 얘기해줄 수는 없어요. 수박 여섯 통의 겉만 핥은 당신을 위해 광고업계의 기준이 단박에 훌쩍 올라갈 일도 없을 거고요. 먼저 일을 시작한 많은 선배가 덜 배워서, 열정이 덜해서, 현실에 안주하는 성향이 유난히 강해서, 커피 타고 복사하고 전표 정리하고 뒤치다꺼리만 3~4년 한 게 아니라는 말로 대답을 대신하죠. 적성이나 기준을 묻기 전에 당신이 어딜 가도 6개월 이상 못 버티는 사람이 아닌지, 그것부터 점검하라고 진심으로 조언하고 싶어요.

내가 그랬다. 부끄럽지만 직장생활 10년차의 부질없는 방황 랭킹으로는 나를 따라올 자가 없을 것이다. "절이 싫으면 중이 떠나는 거지만, 어느 절도 맘에 안 들어하는 중이 바로 너일 수도 있다"는 한 선배의 냉정한 충고는 지금도 사무친다.

나는 6년차가 될 때까지 직장을 네 번이나 옮기고 미국으로 한 번 도피도 했다. 3년차 될 때까지는 겨우 두 달 공부하고 동시통역대학원 시험도 치고, 일주일 공부해서 방송국 기자 시험도 보고, 홈쇼핑 쇼호스트 시험도 쳤다. 광고계 밖으로 눈을 돌렸을 뿐 아니라, 안에서도 더 좋은 회사로 옮겨야 한다는 조바심 속에 살았다. 그 시절에는 오만하게도 그게 내 발전을 위해 꼭 필요한 점프라고 생각했다. 더 큰 회사에 가면 더 잘하는 사람한테 배울 게 많을 줄 알았고, 더 폼나는 브랜드를 줄줄이 맡게 될 줄 알았고, 주5일 법정근무 8시간을 지키면서 스마트하게 일할 수 있을 줄 알았다.

그렇게 마음을 잡지 못하고 5년을 이 직업 저 직업 기웃거리고 이 회사 저 회사 전전하며 '발전(?)'을 도모했지만, 결과적으로 당시 한곳에서 5년 이상 진득하게 일한 선배나 동료들이 현재 나보다 훨씬 인정받으면서 잘나가고 있다.

내가 그 숱한 방황 후에 "그래, 이제 보니 내 꿈은 동시통역사였어. 지금이라도 안 늦었어!" 하며 과감히 회사를 때려치우고 3~4수를 버텨낸 끝에 지금 동시통역사라도 되었다면 또 모를까, 여기저기

집적대다가 결국 다시 돌아와 이 일을 하고 있는 이상, 그 모든 시도는 안 하는 게 더 좋았을 헛짓거리였던 셈이 되고 만다.

자신이 원하는 걸 찾았으면, 일단 한 직장에 최소한 몇 년 이상은 붙어 있어야 한다. 나처럼 철없이 까부는 불나방 신세로 귀중한 몇 년을 허비하기 싫다면 말이다.

Q 저는 대학원 가서 광고를 더 제대로 배우고 싶어요. 아니면 일본이나 미국에 가서 아르바이트하며 학비 벌어서 광고공부를 더 하거나요. 그런데 막상 대학원에 가려고 하니 괜히 취업만 2년 더 늦어지는 거 아닌가 걱정이 돼요. 외국 가서 공부하는 것도 그래요. 학비 벌면서 공부를 제대로 할 수 있을지, 여자 혼자 외국에서 산다는 것도 그렇고, 갔다 와서 외국계 대행사에 취업된다는 보장도 없고…… 어떻게 해야 할지 도무지 갈피를 못 잡겠어요.

A 다들 너무 걱정만 하고, 계산만 하는 것 같아요. 이렇게 하면 이게 걱정이고, 저렇게 하면 저게 신경쓰이는 건 취업을 앞두고 있을 때만 그런 게 절대 아니에요. 걱정 많이 한다고 더 좋은 답이 나오는 것도 아니고 말이죠. 뭐라도 먼저 시작하면 답 비슷한 것에 다가갈 시간도 많아지고, 답이 아니라고 생각될 때 다른 걸 다시 시작할 시간도 벌게 되지요.

인간은 햄릿형과 돈키호테형으로 나눌 수 있다. 사회초년병 시절 나는 다분히 돈키호테형 인간이었기 때문에 하고 싶은 게 있으면 일단 저질러놓고 만회했다. 그로 인해 내 커리어에 손실을 좀 입긴 했지만 후회하지 않는다고 애써 자위한다. '잃은 게 없어서'가 아니라 '최소한 하고 싶은 걸 해보긴 했다'는 의미다. 무엇이 득이 될지 따지며 아무리 저울질을 해봐도 결국 자기가 꼭 하고 싶은 걸 해보는 게 가장 득인 것 같다.

고마운 충고는 '고마운' 일이고 '충고'일 뿐이다. 결정은 온전히 자기만의 것이다. 대학 시절 엄마가 "교직 이수해라. 영어선생님 되면 얼마나 좋니?" 끈질기게 설득하셨지만 나는 귓등으로 흘리고 광고대행사에만 목을 맸다. 10여 년이 흐른 지금 나는 여름휴가도 못 가고 야근이 일상인 삶에서 허우적거리고 있는데, 영어선생님 된 내 친구는 방학 때마다 여행을 다닌다. 가끔 그때 엄마 말 들을걸 싶긴 하지만, 엄마한테 왜 끝까지 교직 이수하라고 닦달하지 않았느냐는 원망은 절대 못한다. 누가 하라고 떠민 적도 없고, 오롯이 내가 하고 싶다고 설쳐서 하고 있는 내 일이니까.

대학원 공부도 유학도 취업도 쉬운 건 하나도 없다. 어떤 사람들은 "자신이 가장 행복하게 할 수 있는 일을 하라"고 하지만, 나는 조금 다르게 말하고 싶다. "기꺼이 생고생을 감수할 수 있는 일을 하라"고. 같은 말 같지만, 애석하게도 요즘같이 팍팍한 시대에는 '행복한가

57

나는 그랬다…

아닌가'보다 '그 어떤 더러운 꼴도 감당할 수 있는가 아닌가' 하는 질문이 더 유효하다는 것을 인정해야 한다.

"어떻게 해야 할지 모르겠어요." 나도 입에 달고 살았던 말이다. 그런데 '○○를 꼭 하고 싶은데 어떻게 해야 할지 잘 모르겠어요'에는 반드시 답이 생긴다. 질문 자체가 답을 구하는 것인지 아닌지가 중요하다. 질문 자체에 이미 이걸 하면 이렇고 저걸 하면 저렇다고 스스로 분석해놨는데, 분석까지 해놓고 왜 마지막 결정을 못할까? 짬짜면처럼 둘 다 먹을 수는 없으니 하나를 선택해야만 한다.

나는 대학과 전공을 결정하면 진로 고민은 더 안 해도 될 줄 알았다. 졸업해서 취업을 하면, 서른 살이 되면, 직장생활 10년차를 넘기면 안정적일 줄 알았다. 아니었다. 나는 지금도 여전히, 오히려 더 많이 불안하다.

그렇다면 내가 마흔 살이 되었을 때는 안정적인 지점에 사뿐히 안착해 있을까? 마흔이 지나면 나는 도대체 어디서 어떤 모습으로 어쩌고 있을지 몹시도 궁금하지만, 나는 차라리 알기를 포기한다. 계획 없이 무방비상태로 마흔을 맞이하겠다는 이야기가 아니라, 인생이라는 것이 본래 평평하지 않다는 걸 슬슬 알기 시작했기 때문이다. 또 너무 평평하기만 하면 지루하고 재미없어서 매일 멀미가 날 것 같기도 하다.

〈스타워즈, 에피소드 5〉에서 제다이의 스승인 요다가 루크 스카이워커에게 우주에서 제일 강한 힘인 '포스the force'를 가르치는 장면이 있다. 루크는 포스를 터득하는 수련이 못마땅한 듯 사뭇 삐딱한 톤으로 "한번 해보긴 할게요"라고 말한다. 요다는 제자 루크에게 충고한다. "한번 해보겠다는 걸로는 안 돼. 하거나 안 하거나 둘 중 하나야. 그저 한번 해보겠다는 건 없어."

우리는 너무나 자주 '한번 해보는 것'도 좋아서 못하는데, 요다는 '하거나 하지 않거나' 둘 중 하나를 선택하라고 재촉한다. 할까 말까, 이게 나을까 저게 나을까 잔머리 굴리지 말고 하거나 안 하거나 몸을 굴렸으면 좋겠다.

내 앞길 여는 법

예비직장인들에게 가장 큰 고민은 내세울 스펙이 없다는 것이다. 소위 '스카이SKY' 출신도 아니고, 토익 점수가 대단히 높은 것도 아니고, 이력서에 특별히 써넣을 자격증이나 경력도 마땅치 않다.

내가 아는 한 후배는 과거에 클럽에서 웨이터를 한 경력이 있다. 그는 전공이 적성에 맞지 않아서 편입을 통해 서너 군데 대학을 전전했기 때문에 이력서상으로는 정말 내세울 게 없었다. 그는 자기소개서에 당당히 클럽 웨이터 아르바이트를 할 때 얼마나 부킹을 잘 시켜줬고, '언니'들에게 얼마나 인기가 많았는지 썼다고 한다. 물론 모든 에피소드에는 그만의 이상적인 스토리 전개가 있었다. 면접 때는 별별 취객들 상대법도 소개했다. 그는 생각보다 어렵지 않게 알 만한 광고대행사에 합격했다.

모두가 콤플렉스라고 생각한 것이 오히려 멋진 스펙이 되었다. 그가 웨이터 생활을 최선을 다해 즐겁게 했다는 것이 그만의 독특한 스펙이 되어준 것이다. 무엇이든 열심히 자기만의 방법으로 즐겁게 빠져본 것, 그것이 진짜 스펙이고 내 앞길을 여는 법 아닐까?

이 이야기 들어보면 기분이 좀 좋아질걸요.
낙담할 일이 생기면
이 사람을 떠올려보세요.
초등학교 중퇴.
촌구석에서 구멍가게를 열었지만
금세 파산했고
그 빚 갚느라
꼬박 15년이 걸렸지요.
결혼했지만
불행했고
하원의원 선거 나갔다가
두 번 낙선.
상원의원 선거 나갔다가
두 번 낙선.
역사에 길이 남을
멋진 연설 했지만
청중의 반응은 싸늘했지요.
날마다 언론에
두들겨맞고
국민의 반은 그를
경멸했어요.
하지만 생각해보세요.
이토록 서툴러빠진
후줄근하고
무뚝뚝한 이 사람에게
온 세상 사람들이 얼마나
감동을 받는지.
에이브러햄 링컨이라는
그 이름 하나만으로.

_ 미국 유나이티드테크놀로지 광고 카피

나는 나를 일으켜세우기 위해 존재한다

번듯한 광고대행사 세 곳에 이력서를 내고 연속으로 미끄러졌을 때 이 광고 카피를 책상 앞에 붙여놓았다. 인터넷을 뒤져가며 사원모집 공고를 샅샅이 훑던 그 시절, 내 다이어리 한켠에 끼워져 있던 이 광고 카피는 스물몇 살의 서너 달 동안 나에게는 가장 격려가 되는 친구였다. "누군 어디 됐다더라, 우린 어떡하니?" 친구들의 자조 섞인 수다가 시끄럽게만 느껴졌고, 가족들 보기도 창피하고 무안해서 밤마다 이불 뒤집어쓰고 소리죽여 딸꾹질하듯 울었다.

그때는 아침부터 카페로 나가 휘휘 잡지를 뒤적이는 것이 일과였다. 야구모자 푹 눌러쓰고 카페에 들어가 "카페모카 톨 사이즈요" 주문을 하고선 내 커피가 다른 사람 것보다 늦게 나오면 '지금 나 취직도 못하고 있다고 무시하는 거야?' 서럽기만 했다.

어느 날 오후, 여느 날과 마찬가지로 카페에서 빈둥대던 내 앞자리에 수염을 길게 기른, 너무나 깡마르고 눈빛은 우울하기 짝이 없는 링컨이 와 앉았다. "고작 세 번 미끄러졌다고 그렇게 울상을 하고 앉아 있니? 내가 추위와 병마에 맞서싸우면서 하루하루 이렇게 죽는 게 아닌가 고통스러워하던 시간들을 네가 감히 상상이나 할 수 있겠니? 너의 꿈은 고작 그럴듯한 광고회사에 카피라이터로 들어가는 것인데, 그깟 꿈도 못 이룰까 봐 벌써 그렇게 초조하니? 나를 보렴. 나는 결국 미국 대통령이 되었다."

미국인들이 역사상 가장 존경하는 대통령이라는 링컨의 이야기가 대한민국 취업준비생 노진희에게 뭐 그리 큰 위로가 될까 싶지만, 아무도 찾을 수 없는 곳에 틀어박히고 싶던 그 시절엔 먼 나라 위인들의 이야기가 나를 다시 일으켜세워주곤 했다.

집안이 나쁘다고 탓하지 마라.
나는 아홉 살 때 아버지를 잃고 마을에서 쫓겨났다.
가난하다고 투덜거리지 마라.
나는 들쥐를 잡아먹으며 연명했고
목숨을 건 전쟁이 내 직업이고 일이었다.
(……)
너무 빡빡하다고 그래서 포기해야겠다고 넋두리하지 마라.

나는 목에 칼을 쓰고도 탈출했고

뺨에 화살을 맞고 죽었다 살아나기도 했다.

적은 바깥에 있는 것이 아니라 내 안에 있었다.

나는 나에게 거추장스러운 것을 모두 깡그리 쓸어버렸다.

나를 극복하는 순간,

나는 칭기즈칸이 되었다.

링컨의 일대기부터 인터넷에 떠도는 칭기즈칸의 편지까지, 그 시절의 나는 생고생에 일가견이 있는 위인들의 이야기를 참 그악스럽게 찾아 읽었다.

내가 싸워야 할 상대는 나 자신뿐인데 뭘, 까짓! 물론 추위와 병마, 가난, 외로움과 전쟁보다 무서운 20대 백수의 불안과 두려움이 내 심장에 날마다 잽을 날렸지만 단번에 KO패 당할 어퍼컷은 아니니까 좀더 버텨보자고, 링 위의 승부는 아직 끝나지 않았다고 되뇌면서 주저앉은 나를 일으켜세웠다. 내 입사지원 전적은 10전 11기였다.

"나의 20대는 산 채로 지옥에 끌려온 것 같았다"고, 베스트셀러 작가 이지성은 한 인터뷰에서 말했다. 운 좋게 교사가 되었지만, 아버지의 날로 늘어나는 빚 때문에 가족이 뿔뿔이 흩어지면서 그는 열두 가구가 재래식 화장실을 나눠쓰는 빈민가 옥탑방에서 살아야 했다. 교사 월급은 빚 갚는 데 다 소진되었다. 교직에 적응할 수 없었던 그

나는 그랬다…

는 '이상한 선생'이라고 손가락질받았고, 그 생활을 오래 버티지 못했다. 80군데의 출판사로부터 거절당하며 14년을 무명작가로 지냈다. 그는 "밑바닥에 떨어져도 그 밑에 또 지하실이 있는" 바닥이 어딘지 알 수 없는 추락을 거듭했다고 회상한다.

누군가의 처절한 실패와 극복담은 읽는 것만으로도 지금 나의 일상을 되돌아보고 등을 곧추세우게 한다. 그는 또 이런 말을 했다.

"대부분의 20대는 자기관리 능력이 없어요. 훌륭한 분들이 문학과 철학과 고전을 권하지만, 자기관리 능력이 없는 20대가 섣불리 고전에서 시작하면 머리만 커지고 인생은 더 나빠질 수 있어요. 20대에게 필요한 것은 오히려 위대한 사람들의 이야기입니다."

나는 이 말이 와닿는다. 이미 성공한 사람들이 '고전 속에 진리가 있다'고 하지만, 그것은 속이 시커멓게 타들어가며 하루하루 줄어들기만 하는 20대에게는 그야말로 '소 귀에 경 읽기'와 같다. 자기관리 능력이 없는 20대들이, 아니 관리하고 싶어도 관리할 게 없는 20대들이 문학·철학·고전에서 무슨 길을 찾을 수 있겠는가. 차라리 위인들이 어떤 방법으로 역경을 뚫고 일어섰는지 배우는 게 더 급선무일 것이다.

한때 나는 자기계발서 따위를 읽는 것은 스타일 구기는 일이라고 생각했다. 위인전은 초등학생용 필독서라고 무시했다. 고전을, 그것도 원서로 한 권쯤 딱 끼고 다녀야 폼이 나고, 사람들 다 아는 하루

키 말고 일본에서 요즘 혜성처럼 떠오르는 신인작가가 쓴 소설을 가방에 넣고 다녀야 책 좀 읽는 티가 난다고 생각했다.

다 좋다. 그런데 내가 절망에 빠져 허우적거릴 때, 책을 덮고 다만 몇십 분이라도 의기충천해지는 것은, 작가가 자신의 경험을 토대로 열변을 토하듯 적어내려간 자기계발서였다.

관리할 '자기'도 없는 서글픈 청춘들에게 이지성식 독서법을 권하고 싶다. 나 또한 평소 상사 눈치나 보고 조직개편철 다가오면 벌벌 떠는 한심한 샐러리맨이기에 아직 한참은 더 읽어야 한다.

그리고 믿는다. 누구나 자신만의 꽃봉오리를 가지고 있고, 그것이 언젠가 한 번은 터져줄 것이라는 걸. 그때의 향기는 얼마나 진할까? 그렇게 원하던 카피라이터가 된 후 지금까지도 내 꽃봉오리는 한 번도 시원하게 팡 터져주지 않았지만…… 아직 봄이 오지 않았을 뿐이다. 나의 겨울은 누군가의 겨울보다 조금 길지만 봄은 올 수밖에 없다. 평생 루저로만 살 것 같은 무서운 시절도 결국 지나간다. 후딱 가진 않더라도, 어쨌든 지나간다.

좌 절 하 지 않 는 법

나보다 더 힘들었지만 결국 최고가 된 사람들의 리스트를 만들어보자. 링컨부터 이지성까지. 누구라도 좋다. 그들이 어떻게 자기 삶을 바꿔놓았는지, 구체적으로 로드맵을 그려보자. 그냥 줄줄 책장을 넘기며 읽는 건 의미가 없다. 빨간펜 들고 촌스럽게 줄 그어가며, 노트에 옮겨적어가며, 내 목표에 맞게 나의 로드맵으로 재구성하며 나만의 자기계발서를 만들어보자. 적어도 나는 그 방법으로 몇 번의 좌절은 극복할 수 있었다.

어른이 될수록
알 수 없는 것이 늘어간다.
아는 것은 살아가는 것.

— 일본 아사히신문 라디오광고 카피

공부하러 떠나지 말고 공부하고 떠나라

학교 다닐 때 싫어했던 과목이야 한두 개가 아니지만, 특히나 윤리 과목은 딱 질색이었다. 데카르트, 칸트, 소크라테스, 공자, 맹자…… 수많은 철학자의 이름이 인명록 수준으로 나열되었다. 선생님의 열띤 설명을 들어도 '거 참, 그 어르신들 말씀 한번 어렵게도 하셨네!'라는 생각만 들 뿐이었다. 나는 윤리시간마다 옆자리 친구랑 만화를 그리면서 놀았다.

그랬던 내가 몇 달 전 마이클 샌델Michael J. Sandel의 《정의란 무엇인가》를 읽고는 TED로 그 강의를 찾아서 보기까지 했다. '어? 이거 왜 이래? 나, 이상해.' 스스로도 깜짝 놀랐다. 여전히 내가 알 수 없는 이야기가 많고, 딴 생각 하다 그냥 넘겨버린 페이지도 있다. 하지만 내가 발 디디고 선 이 땅 위에서 빈번히 일어나고 있는 일들을 예로

나는 그랬다…

들어 풀어낸 철학이야기는 웬일인지 머릿속으로 쑤욱 잘도 들어왔다. 초대형 태풍이 휩쓸고간 지역에서 생수를 평소보다 열 배 비싸게 파는 것이 옳은 일인가? 돈을 주고 자신의 병역의무를 다른 사람에게 떠넘겨 대신 전쟁터로 내보내는 게 정당한가? 소수인종이기 때문에 취업과 승진에서 가산점을 받는 건 옳은 일인가?

마이클 샌델 교수의 강의가 아무리 명강의라 한들 내가 지금 10대 청소년이었다면 나는 또 몽롱한 반수면상태로 하품만 연발했을 것이다. 항상 정의로운 일만 일어나지는 않는 대한민국에서, 역시나 늘 정의롭지만은 않은 직장을 다니는, 불의를 보면 참아야 할지 나서야 할지 망설이는 소심한 30대 중반이 되었기 때문에, 학창시절 그렇게 싫어했던 철학공부도 재미있어진 것이다.

신경정신과 전문의 이시형 박사는 "나이가 들면 머리가 굳는 게 아니라 더 좋아진다"고 말한다. 내 경우에도 달달 외우는 능력은 예전보다 현저히 저하된 반면, 현상을 크게 보고 이해하는 능력은 얼마쯤 자란 것 같다. 고3 때 본 수능시험의 통합교과형 문제는 덮어놓고 어려웠고 당연히 틀리는 것이었다. 그런데 올해 출제된 수능문제를 회사 동료들이랑 장난삼아 몇 개 풀어보니, 통합교과형 문제들은 시험공부 하나 안 했는데도 막 맞추고 그런다.

정보를 통합하고 관리하는 통괄성 지능은 40대 이후에야 본격적으로 격차가 벌어지기 시작한다고 한다. 이 이야기대로라면 40대

이후에 써먹을 통찰성 지능은 20~30대를 지나고 있는 지금 우리 나이에 준비되고 있는 셈이다. 그렇다면 지금은 공부하기 너무 늦은 때가 아니라 딱 공부해야 하는 타이밍인 것이다.

우리는 보통 10년 넘게 책상을 끼고 살았다. 그 긴 책상살이를 다 끝내고 취업할 때가 되어서는 또 어느 회사 어느 빌딩 안에 내 책상 하나 없을까 봐 마음을 졸였다. 그렇게 고생고생해서 '따낸' 내 책상에서 우리는 더 이상 공부를 하지 않는다. 새벽 일찍 일어나 어학원을 다닌 적도 있고, 요가학원이나 피트니스클럽에 나가기도 했고, 남들 다 하는 자기계발을 나만 안 하고 있는 것 같은 초조함에 부지런을 떨어보기도 했다. 하지만 언제나 짧게는 3일 길게는 3개월을 못 넘겼다. "으아, 피곤해 죽겠어. 학원 계속 다니다간 회사를 계속 못 다니게 될지도 몰라" 애처로운 비명과 함께 손을 들곤 했다.

예전 회사 팀장님이 이런 말을 한 적이 있다. "여자들은 왜 서른 살 언저리만 되면 그렇게들 팀장님한테 드릴 말씀이 생기는 거야?" 드릴 말씀이 있다는 여직원과 회의실에서 독대를 하면, 그녀들 입에서는 십중팔구 더 늦기 전에 유학이나 어학연수 또는 대학원을 가기 위해 회사를 그만두겠다는 말이 나온다는 것이다.

나 또한 스물여덟 살 때 뉴욕으로 떠날 준비에 한창 들떠 있었다. 뉴욕에 가면 다니엘 헤니 같은 남자랑 연애라도 할 수 있을 거라

내심 기대에 부풀기도 했다. 하지만 정작 도착한 뉴욕에는 나처럼 한국을 떠나온 서른 즈음의 미혼 여성들만 넘쳐나고 있었다!

정말로 자기 인생 한번 바꿔보고 싶어서 공부하러 떠나는 거라면 인천공항까지 가는 택시비라도 보태주고 싶다. 하지만 그냥 '여기'가 힘들어서 '저기'로 공부하러 가는 것만은 말리고 싶다. 그냥 놀러간다고 하기에는 폼이 안 나니까 공부하러 간다고 둘러대는 건 아닌지, 끝까지 자신의 마음속을 들여다봤으면 좋겠다.

직장생활에 지쳐 도망치듯 기어이 떠난 어학연수의 실상은 보통 이렇다. 파고다어학원 원어민 강사가 하는 것과 별반 다를 게 없는 수업을 듣고, 수업이 끝나면 한국 사람들과 몰려다니고, 그나마 정서가 비슷한 일본인 친구들과 엉터리영어broken english로 대화를 나눈다. 영어는 전혀 늘지 않고 일본어가 조금 늘며, 한국어에 애매하게 '어엄~ 웰~' 군소리가 붙는 기이한 엔딩을 숱하게 봤다.

이름난 대학의 평생교육원쯤 되는 교육기관에 어마어마한 수업료를 바치고 질 떨어지는 커리큘럼을 속성으로 수료한 후 돌아오는 '유학' 역시 영양가 없기는 마찬가지다. 십수 년 전에는 그런 수료증 한 장 받고 귀국해서는 마치 그 대학의 학위라도 받은 양 과시하고 다니는 게 통했다고도 한다. 하지만 요즘에는 그런 수료증이 흔하디흔해져서 비싼 학원 영수증 취급밖에 받지 못한다.

지역에 따라 차이는 있겠지만 웬만한 학교 등록금 뺨치는 수업료와 몇 개월씩 묵어야 하는 기숙사 또는 숙소 임대비용이면 차라리 긴 여행을 떠나는 것이 백배 낫다. 그 정도 노잣돈이면 그동안 침 발라놨던 많은 나라를, 대륙을 넘나들며 원없이 여행할 수 있다. 미리 영어공부를 좀 하고 떠나면 "리슨 앤드 리핏!" 하는 원어민 선생님 없이도, 일본인들보다 훨씬 영어 잘하는 각국의 여행자들과 더 많은 '다이얼로그'를 할 수 있다. 어학연수 가서 제대로 놀지도 못하고 오느니, 놀러 가서 어학연수까지 하고 오는 여행이 훨씬 남는 장사다.

무엇보다 공부하러 떠나지 말고, 공부하고 떠났으면 좋겠다. 지금 여기서 뭐 하나 이뤄놓은 것도 없이 나이만 먹고 있는 것 같아 초조하고 초라하다고, 그 이유만으로 공부하러 외국으로 떠나지는 말았으면 좋겠다. 지금 여기 있는 내가 초조하고 초라하니까 여기서 더 공부한 후, 어디서든 스스로 행복해지는 인생으로 훌쩍 떠났으면 좋겠다. 이것이 내가 매일 밤 책상 앞에 일단 앉아나 보는 이유다.

나는 공부를 별로 좋아하는 사람이 아니라서, 책상 앞에 앉아서도 계획했던 공부는 시작도 못한 채 먹먹한 마음으로 일기나 몇 줄 쓰고 엎드려 울다가 이불 속으로 들어가버릴 때도 많다. 그래도 기어코 책상 앞에 앉는다. 그렇게 앉아 있자면 회사에 있는 책상만이 내 책상은 아니라는 생각이 들고, 회사에서 종일 마음이 긁힌 날에도 엉망으로 우울해지지는 않는다.

나는 그랬다…

우리는 더 이상 '그냥 샐러리맨'도 될 수 없다. 불황이 일상인 이 막막한 시대는 '샐리던트salident'라는 말까지 만들어, 고단하고 소심한 직장인들에게 일만 열심히 해서는 잘린다고, 공부도 열심히 해야 살아남을 수 있다고 겁을 준다. 자꾸 그러니까 좀 무섭긴 한데, 그래도 나는 샐리던트 말고 라이프던트lifedent가 되고 싶다. 커리어 관리만을 위한 공부가 아닌 내 인생을 위한 공부를 하고 싶다.

승진하기 위해 토익 점수 잘 받으려면 영어공부 열심히 해야겠지만, 그게 꼭 회사제출용이 아니어도 좋다. 내가 잘하고 싶은 게 영어라면 영어를, 덴마크어라면 덴마크어를 공부하는 거다. 업무 관련 자격증도 따야겠지만, 나는 주말마다 조리사자격증 따러 조리학원에 다닌다. 언제가 될지 모를 아득한 나중에 답답한 사람들이 들러 맛있게 먹고 기분 좋게 쉬고 가는 작은 밥집 하나 열고 싶다.

엄마가 싸주는 도시락 두 개씩 들고 다니며 하던 공부는 이제 그만하자. 어렸을 때는 엄마 아빠한테 잘 보이고 싶어서 공부하고 대학 갔다. 대학 가서는 세상에 잘 보이고 싶어서 공부하고 스펙 쌓았다. 이제야 나에게 잘 보이고 싶어서 공부를 한다.

76

두 번째 인생을 준비하는 법

"내가 진짜 하고 싶은 일을 먼저 찾아낸 다음 진로를 모색해야 한다. 그러기 위해서는 자기만의 연구실을 가져야 한다. 연구는 교수나 과학자만 하는 게 아니다. 아파트 베란다 구석 또는 좁은 자기방 구석에 파티션을 쳐서 한두 평 남짓이라도 비울 수 있다면 시도해볼 만하다. 그러나 불쑥불쑥 가족 누구나 들여다볼 수 있게 하지는 마라. 그 공간에서 세상을 휘두를 아이디어가 나올 수도 있다고 좀 떠벌리기도 하라."

유병률 기자가 《딜리셔스 샌드위치》에서 권한 것처럼, 나는 나만의 연구실을 만들었다. 원룸 오피스텔 구석에 침대나 어지러이 널려진 옷행거들과 구분되도록 책상 주변에 파티션을 둘렀다. 그랬더니 책이 써졌다. 이곳은 마이클 샌델의 연구실보다 대단한 노진희의 연구실이다.

강할 때의 나보다
약할 때의 내가
진정한 자신일지도 모른다.

거짓말을 하는 나보다
정직한 내가
누군가에게 상처를 입히곤 한다.

의심하는 자신보다
완벽하게 믿는 자신이
게으름을 피울지도 모른다.

누군가를 생각하는 나보다
자신을 생각하는 내가
누군가를 행복하게 할 것 같은 생각이 들었다.

답은, 하나가 아니다.
FOLLOW YOUR HEART
리쿠르트!

_ 일본 리쿠르트 인쇄광고 카피

온전히 나와 단둘이 마주하라

지난 9월, 햇볕도 참 좋고 기분도 괜히 좋은 금요일 오후였다. 팀장님은 해외출장중이고, 두 달을 꼬박 속썩이던 프로젝트도 잘 끝났다. 오늘은 간단한 일 한 건만 끝내면 되니 야근도 없을 것이다. 회사 카페에서 아이스아메리카노를 하나 사들고 손목으로 컵을 빙빙 돌려가며 달그락달그락 얼음들이 서로 부대끼는 소리를 듣는다. 예쁘고 듣기 좋다.

내 자리로 돌아와 앉으려는데 옆자리 후배녀석이 눈을 동그랗게 뜨고 묻는다. "차장님, 이거…… 어떻게 된 거예요?" 후배의 모니터에는 사내공지게시판이 떠 있었다. "엉?" 거기 내 이름이 박혀 있었다. 'CR ○팀 차장 노진희 CR ○○팀으로 발령.' 35년을 늘 보고 듣던 내 이름, 꼭 딴 사람 이름 같다.

나도 모르는 나의 발령. 당황스러웠다. 내 일인데 내가 아는 게 하나도 없었으므로 공포스럽기도 했다. 파리에 있는 팀장님한테 전화를 건다. 안 받으신다. 시차 때문일까, 혹시 피하시는 걸까? 어떤 예고도 없이 이렇게 일방적인 통보를 받아야 할 정도로 내가 뭘 잘못한 게 있나?

늦은 저녁 무렵 팀장님으로부터 설명을 들었다. 요 몇 달간 회사 차원에서 각 팀의 인원을 축소하는 작업이 진행되고 있었다고. 회사에서는 연차 높은 카피라이터를 한 명 내놓으라며 나를 지목했고, 팀장님은 그럴 수 없다며 버티다가 출장을 가신 거라고. 아직 팀장이 승인하지도 않았는데 어떻게 그런 발령이 났냐며 노발대발하셨다. 뒤이어 인사팀장님에게 전화가 걸려왔다. 순전히 인사팀 직원의 실수로 공지가 올라갔다고, 미안하다는 말을 반복했다.

설명을 듣고 나니 그다지 열을 낼 상황도 아닌 듯했다. 영화 〈터미널〉에서 주인공 빅토르가 했던 말이 떠오른다. "사람들은 모두 저마다 힘겨운 전투를 벌이며 살아간답니다Everyone you meet is fighting a hard battle." 그래, 나만 괴로운 것도 아니지. 팀장님도 나 하나 지키겠다고 회사에 맞서느라 피곤하셨겠네.

그렇게 생각을 접었다가도 어느새 오만가지 생각이 펼쳐졌다. 가만, 어쨌거나 누군가 한 명 나가야 하는 상황이라면 팀장님은 나를 내보내시겠다는 거잖아? 어쨌거나 내 이름이 거론됐단 얘기잖아? 작지도 않은 회사에서 어떻게 이런 실수를 해? 우리 팀 여덟 명 중에 왜 굳이 나야? 비슷한 연차의 다른 카피라이터도 있는데 왜 하필이면 나야? 이 팀에서 일하려고 겨우 두 달 다닌 회사를 욕 들어가며 관뒀는데, 왜 굳이 나야? 한 달에 며칠은 회사 수면실에서 자가면서 일했는데, 왜 하필 나야?

남 탓 내 탓이 진창으로 뒤섞인 생각의 감옥 속에서 주말을 보내고 월요일 아침 출근을 했다. 엘리베이터를 타자 여기저기서 인사가 날아온다. "안녕하세요, 발령 나셨던데요." "차장님, 다른 팀 가세요?" 겨우 한 시간도 안 되게 잠깐 떠 있던 공지를 다들 어떻게 봤는지…… 인사를 건네는 사람의 목소리는 평소보다 훨씬 반가운 톤인데 듣는 내 마음은 거북하기 짝이 없다.

"아, 그거 인사팀 직원의 실수~ 발령 안 났어요." 몇 날 며칠 똑같은 대꾸만 하느라 엘리베이터 타기가 두려울 정도였다. 복도에서 마주치는 사람들에게 일일이 응대하기 성가셔서 화장실도 되도록 가지 않았다. 주홍글씨를 가슴에 박고 다닌 헤스터 프린처럼 '나, 발령 안 났습니다'라고 가슴에 한 줄 박고 다니는 게 속 편할 것 같았다. 일만 하기에도 머리가 복잡하고 바빠 죽겠는데, 왜 나에게 이런 어수선한 일까지 벌어진 건지 화가 났다.

그로부터 3개월 후 또 발령이 났다. 이번에는 진짜 발령이다. 팀장님도 더는 버틸 수 없는 상황이었다. 회사 측에서는 오히려 나 말고도 한 명을 더 줄이라고 했다. 팀에 배당되는 일도 대폭 줄었다. 더 맞서다가는 다른 팀원들한테까지 피해가 갈 수도 있는 상황이 되었다. '하, 결국 이렇게 될 거면서……' 힘이 빠지고 서운했다.

작년 8월 해고. 꽉 채운 6개월 실업급여 생활. 올해 2월 A사 입사. 4월 B사로 이직. 9월 잘못 난 발령. 12월 결국 다른 팀으로 발령. 1년 사이에 실업자와 회사원 신분을 오갔고, 회사를 옮겼고, 이제 팀을 옮겨야 한다. 다른 사람들은 몇 년을 같은 회사 같은 팀에서 일만 잘하는데 나는 왜 이 모양일까? '들쑥날쑥 너덜너덜'이 정녕 내 인생의 키워드란 말인가.

지난날 이 직업 저 직업 기웃거리며 방황도 했지만, 이젠 정말 진득하게 자리 지키며 일하고 싶은데, 왜 나를 이렇게 들쑤시는 걸까? 모든 걸 이해해왔지만 이제 그만 이해하고 싶다. 나는 이미 평정심을 잃고 상처를 확대재생산하며 출렁이고 있었다. 방출당한 팀원, 부적응자, 루저…… 새로운 팀을 정하기 전까지 졸지에 잉여인력이 된 나는 닷새의 휴가를 냈다.

어차피 우리도 이 세상에 세들어 살고 있으므로
고통은 말하자면 월세 같은 것인데
(……)

사색이 많으니까

빨리 집으로 가야겠다.

_ 황지우, 〈겨울산〉에서

시인의 말처럼 '월세 같은' 고통을 짊어지고 가난한 마음으로 집
에 왔다. 이불을 뒤집어쓰고 누가 죽기라도 한 듯 울거나 죽도록 잠만
자고 싶었다. 하지만 나는 일단 책상에 앉았다. 카프카도 나에게 "모
든 문제는 우리가 가만히 방에 앉아 자신과 단둘이 마주하려고 하지
않기 때문에 일어난다"며 일단 앉으라고, 자신과 제발 좀 마주하라고
말했으니까.

노트북을 열고 뭐라도 써보려 덤벼들었다. 가만히 나와 마주했
으나 또 서러운 생각들만 들러붙는다. 이 세상엔 회사에서 해고도 안
당하고 팀에서 방출도 안 당하고 그야말로 잘나가는 여자들이 쓴 책
이 널리고 널렸는데, 나 같은 여자애가 쓴 책은 그냥 종이랑 잉크를
갖다버리는 자원낭비 같았다. 부끄러웠다. 회사에서 붕 뜬 나도, 한
줄도 못 쓰고 그저 앉아 있는 나도…… 다 부끄러웠다.

'그래! 어차피 내 글은 좌충우돌하며 깨지면서도, 그래도 살아
간다는 그런 이야기를 쓰는 거였잖아?' 정말 그렇다. 지난 몇 년 동안
수없이 버벅거렸던 일들은 막상 쓰려고 해도 가물가물해서 한참 기
억을 더듬어야 하는데, 이 일은 바로 어제 겪은 것이라 무서울 만큼

83

생생하다. 책 다 쓰고 나서 이런 일이 벌어졌으면 요 며칠 일어난 일들만 다시 써서 별책부록을 만들 수도 없고 참 난감했을 텐데, 책 쓰는 중에 이런 일이 딱 일어나서 다행(?)이라고 나를 달래고 있다. 슬픈 발라드 가사가 안 써져서 끙끙 앓고 있던 작사가에게 때마침 애인이 이별통보를 한 것과 같다고……

파울루 코엘류의 《흐르는 강물처럼》에 이런 이야기가 나온다.

"이 20달러짜리 지폐를 갖고 싶은 분 있습니까?" 여러 사람의 손이 올라가는 것을 보고 강사가 말했다. "드리기 전에 할 일이 좀 있습니다." 그는 지폐를 구겨 뭉치고는 말했다. "아직도 이 돈 가지실 분?" 사람들이 다시 손을 들었다. "이렇게 해도요?" 그는 구겨진 돈을 벽에 던지고, 바닥에 떨어뜨리고, 욕하고, 발로 짓밟았다. 이제 지폐는 더럽고 너덜너덜했다. 그는 같은 질문을 반복했고 사람들은 다시 손을 들었다. "이 장면을 잊지 마십시오." 강사가 말했다. "내가 이 돈에 무슨 짓을 했든 그건 상관없습니다. 이것은 여전히 20달러짜리 지폐니까요. 우리도 살면서 이처럼 자주 구겨지고, 짓밟히고, 부당한 대우를 받고, 모욕을 당합니다. 그러나 그 모든 것에도 불구하고, 우리의 가치는 변하지 않습니다."

1977년에 발행된 노진희라는 지폐 한 장. 1,000원짜리인지 혹은 50,000원짜리인지는 아직 알 수 없다. 하지만 꼬깃꼬깃 너덜너덜해졌어도 나의 가치는 변하지 않는다. 아플수록 성숙해진다는 말은 싫다.

너무 맞는 말이라서 싫다. 아팠는데 안 성숙해진 나 같은 사람은 어쩌란 말인가 싶어서 싫다. 아플수록 괜찮아진다. 아플수록 재밌어진다. 아플수록 웃겨진다. 아플수록 따뜻해진다. 아플수록, 답은 하나가 아니다.

갈 데까지 가보려거든 잠시 눈물로 마음 덮혀도
누가 흉보지 않을 것이다.
잘못 든 길이 지도를 만든다.

_강연호, 〈비단길 2〉에서

나는 그랬다…

상 처 를 치 유 하 는 법

금융위기처럼 너도나도 다 같이 갑자기 당하는 큰 일은 덜 아프다. 나만 당하는 작은 일이 더 아프다. 그럴 때 받은 상처는 스스로 온전히 혼자 치유해내지 않으면 안 된다. 그 상처를 치유하기 어려운 것은 두려움 때문이다. '앞으로 더 안 좋아지는 건 아닐까', '다른 사람들이 지금의 나를 어떻게 볼까' 하는 두려움. 치유심리학자 브렌다 쇼샤나Brenda Shoshanna는 "가장 두려운 것은 두려움 그 자체"라면서 "두려움과 똑바로 마주하라"고 권한다. 나의 상처는 온전히 나와 단둘이 마주하고, 더 이상 두려워할 필요가 없다는 것을 나와 마주한 나에게 차분히 알려줄 때 비로소 치유될 수 있다.

나는 몰랐다…

사랑에도 예습이 필요하다는 것을.
이제 알겠다.
상처 주고 상처 받는 사랑은
사랑이 아니라는 걸.
좋은 사람
천천히 똑똑하게 고르려면
사랑보다 사랑에 대한 공부가
먼저다.

나팔바지.
요란한 록음악. 아이들의 치아교정틀. 카풀.
어린이하키. 피아노연습.
자몽다이어트. 중국요리 배우기. 중년의 비만.
빈둥지증후군.
당신들의 사랑은 이 모든 것을 이겨냈습니다.

_미국 드비어스 다이아몬드 인쇄광고 카피

남자 고르는 법

사람은 늙지만 사랑은 늙지 않는다

몇 년 전 겨울, 밤새 눈이 내린 토요일 아침이었다. 나는 눈곱도 떼지 않고 입을 헤 벌린 채 창밖의 새하얀 세상을 바라보고 있었다. 옆집 할아버지가 외출하시는 모습이 보였다. 주차된 차 앞으로 가시더니 운전석 쪽 지붕에 쌓인 눈을 맨손으로 싸악싸악 쓸어내리셨다. 손이 시리신지 입으로 연신 호호 불면서도 앞창문의 눈까지 깨끗이 치우셨다. 그러고는 웬일인지 차에 올라타지 않고 종종걸음으로 아파트단지를 빠져나가셨다.

'아니, 차를 몰고 나가실 것도 아니면서 왜 굳이 손 시리게 눈을 치우셨지?' 나는 그저 차를 정말 아끼시는 모양이라고 생각했다.

15분쯤 지났을까. 이번에는 옆집 할머니가 그 차 앞으로 다가가셨다. 운전석 쪽 문을 열려다가 잠시 멈칫하셨다. 문을 열고 운전석에 앉으신 할머니는 휴대전화로 어딘가 전화를 거셨다.

'아, 그런 거였구나!'

그제야 내 머릿속 이야기의 퍼즐이 맞춰졌다. 할아버지는 할머니가 차 문을 열 때 눈이 한 덩이라도 툭 떨어져 그녀가 앉을 운전석을 적실까 봐 미리 눈을 치우신 거였다. 자동차 앞유리 너머로 보이는 할머니의 얼굴은 세상에 쌓인 눈을 다 녹일 만큼 따뜻해 보였다.

할아버지는 차를 아끼신 게 아니라 할머니를 아끼신 거였다. 그렇게 몰래 마음을 표현해도 그걸 또 뻔히 다 알아주는, 백발 부부의 사랑이 새하얀 세상만큼 포근했다.

요즘 부쩍 청춘이 참 덧없이 흘러간다는 생각이 들어서일까. 오래된 부부의 진득한 사랑이 마음을 사로잡는다.

사춘기 아들녀석의 감당 안 되는 나팔바지와 시끄러운 록음악 소리, 부부동반 여행을 위해 한푼두푼 아껴 붓던 적금까지 깨서 마련해준 자식들의 치아교정틀, 피곤할 땐 더 참아주기 힘든 딸아이의 서툰 피아노소리…… 이 모든 걸 함께 겪은 노부부의 일상에 밴 애틋함 같은 것들 말이다.

중국요리에 제대로 한번 도전해보겠다며 산 웍(중국집에서 짜장 볶을 때 주로 쓰는 크고 무거운 프라이팬) 때문에 시큰거렸을 손목, 더 이상 연애할 때처럼 날렵하지 않은 두루뭉술한 중년의 보디라인, 또 그걸 어떻게 해보겠다고 작심하고 둘이 3일 정도 해보았음직한 자몽 다이어트…… 아들딸 시집장가 보내고 빈둥지증후군에 우울해하는 아내를 남편은 그저 조용히 안아주었을 것이고, 그러면 그녀는 편안하게 무너져 그의 어깨에 얼굴을 묻고 눈물을 흘렸으리라.

이 모든 것을 다 지나보낸 사랑, 그냥 지나보냈다고 하기에는 부족해서 드비어스 다이아몬드의 광고문구를 쓴 카피라이터는 '이겨냈다'는 단어를 신중히 골랐을 것이다. "당신들의 사랑은 이 모든 것을 이겨냈습니다."

그에 비하면 20~30대의 사랑이 이겨냈다고 할 수 있는 것은 무엇일까? '내가 먼저 연락하면 쉬워 보일 거야'라거나 '바로 답문자 보내면 내가 지 문자만 기다린 줄 알겠지?' 같은 연애 초기의 밀고당김, 남자친구가 지나가는 늘씬한 여자에게 한눈팔다 딱 걸려서 시작된 며칠간의 신경전, 서로 가고 싶고 하고 싶은 것이 달라서 벌어진 여행지에서의 말다툼 정도?

"당신들의 사랑은 밀고당김, 다른 이성에 한눈팔기, 사소한 말다툼…… 이 모든 것을 이겨냈습니다"라고 하기에는 진정 '모든 것'을 이겨낸 50~60대 부부의 사랑에 밀려도 너무 밀린다 싶다.

불꽃 튀진 않더라도, 시작은 좀 뜨뜻미지근하더라도, 오래오래 다독이며 같이 늙어갈 사랑을 예감할 수 있는 만남은 정말 불가능한 것일까? 나는 남자를 보면 그가 50대가 되었을 때 어떤 모습일지 상상해보는 버릇이 있다. 아마 배가 불룩 나오겠지. 머리카락도 듬성듬성해질 거야. 어쩌면 일찍 명퇴해서 파자마아저씨로 종일 거실을 왔다갔다할지도 몰라. 그래도 밉지 않고 말 통하는 사이로 함께 늙어갈 수 있는 사람일까…… 그런 상상 말이다.

이건 뭐, 타임머신 타고 미래로 날아가서 그의 50대를 보고 올 수도 없으니, 도무지 쉽지 않은 미래예측이다. 그래서 나는 제법 괜찮은 사람이다 싶으면 그와 함께 재래시장에 가본다. 광장시장이나 중앙시장 같은 데 말이다. 수십 년간 한자리에서 김밥을 말아 파는 노부부의 가게에서 김밥을 먹으며 그에게 물어본다.

"저 부부 어떤 것 같아?"

"뭐, 돈 많이 벌었겠네. 그런데 저렇게 고생해서 돈 많이 벌면 뭐해. 인생이 재미가 없잖아."

한 남자는 그렇게 말했고, 나는 실망했다. 같이 붕어빵을 구워 팔더라도 좀더 멋진 붕어빵 굽는 방법을 함께 연구하고, 쉬는 날엔 손잡고 극장에 가서 영화 한 편 볼 수 있는 아저씨 아줌마로 늙어가고 싶다면…… 영원한 노처녀의 감상일까?

로버트 브라우닝Robert Browning의 시 〈랍비 벤 에즈라Rabbi Ben Ezra〉에 이런 구절이 있다. '나와 함께 늙어갑시다. 가장 멋진 것은 아직 오지 않았으니Grow old along with me! The best is yet to be.' 같이 늙어가

자는 사랑의 약속이, 영원히 사랑하겠다는 고백보다 훨씬 밀도있고 단단해 보인다. 존 레넌John Lennon이 오노 요코에게 프러포즈할 때 만들어준 노래(Grow old with me) 역시 이 시의 첫 구절에서 따왔다.

"나와 함께 늙어가요. 한 그루 나무의 두 나뭇가지로. 하루가 저물 땐 석양도 함께 바라봐요Grow old along with me. Two branches of one tree. Face the setting sun when the day is done."

편안한 남편과 익숙한 아내. 그들은 타인의 인생을 넉넉히 끌어안을 줄 아는 사람들이다. 가벼운 스킨십이라도 할라치면 "가족끼리 왜 이래?"라며 정나미 떨어지는 조크 아닌 조크를 던지면서도 '치약이 다 떨어졌네'로 시작해서 아이들 이야기, 양가 부모님과 형제 이야기, 물가와 대출이자 이야기…… 얼마나 나눌 이야기가 많을까. 사랑해, 멋져, 예뻐 죽겠어를 연발하지 않아도 서로 사랑하고 있는 걸 아는 사람들. 깊고 은은한 와인처럼, 때론 질박한 된장처럼 그렇게 익어가고 싶다.

내가 그나마 한창 예뻤던 스물일곱, 태어나 처음으로 맞선이라는 걸 보았다.

"의사도 내과, 외과는 피곤해. 돈도 안 되고, 응급환자 많고, 주말에도 일해야 하고. 안과가 최고야."

발 넓은 고모의 성화에 못 이기는 척 나간 맞선자리였다. 남자

95

는 눈빛이 반들반들하고 영리해 보였다. 매너도 좋고 유머도 있었다. 그러나 그의 화제는 백내장수술과 새로 나온 라식수술 기계에서 크게 벗어나지 못했다.

안과가 꽤 돈벌이가 잘되는 의학 장르라는 것을 실감한 날이었다. 그가 쏟아내는 의료기술, 의료기기 이야기에 건성으로 고개를 끄덕이며 나는 그와의 만남 때문에 예약을 취소한 뮤지컬을 생각했다.

나는 그와 적당히 예의바르게 돌아섰다. 고모는 실망이 이만저만이 아니셨지만, 나는 그때 '불꽃 튀는 사랑'을 꿈꿨다. 그게 진짜 사랑이고, 스펙이 시원찮더라도 그런 사랑을 할 수 있는 남자를 만나야 한다고 나에게 주문을 걸었다.

그러나 서른이 한참 지난 지금, 나는 당혹스럽다. 그 안과의사 이후로 소개받거나 만나본 남자들은 모두 나에게 불꽃 튀는 사랑이 얼마나 짧게 스치고 지나가는지를 알려주었을 뿐이다. 그들 중에는 나에게 사랑과 현실의 이분법을 강요한 이도 있었다. 이루지 못한 사랑에는 화려한 비탄이라도 남지만, 이루어진 사랑에는 남루한 일상만이 남는다고 했던가. 사랑과 현실의 이분법은 언제부터 정설로 굳어진 것일까?

"나랑 결혼하면 너 고생할 거 같아서……." 남자의 이런 말은 다 핑계다. 널 고생시키는 일은 차마 할 수 없다며, 고이 보내줄 테니 자신을 즈려밟고 가라던 옛 남자친구는 박봉에 쪼들리면서도 몇십 개월 할부로 새로 뽑은 차의 액셀을 사뿐히 즈려밟고 있더라. 고생스럽 더라도, 문풍지 덕지덕지 바른 옥탑방에서 털장갑을 끼고 자더라도, 같이 가보자고 해야 되는 거 아닌가. '너 고생하는 꼴은 못 봐'라는 미안함은 결혼하고 나서 차차 고생을 덜어주겠다는 다짐으로 대신하 면 된다. '사랑하니까 보내준다'는 남자의 말은 '(사실은) 내가 고생하 는 게 싫어'거나 '너 고생하는 걸 보는 게 나한텐 너무 큰 고생이야'일 가능성이 크다.

나는 남자를 두 유형으로 나누어 본다. 갖은 고생도 함께하는 사랑의 과정으로 보는 남자와 단지 고생으로만 생각하는 남자. 둘 중 한 남자를 택하라면 나는 여전히 고생도 사랑의 과정으로 보는 남자 에게 끌린다. 옛날 영화 좋아하는, 옛날 여자처럼 생각하는, 나 같은 여자는 말이다.

남자 고르는 법

괜찮다 싶은 남자를 만나면 같이 재래시장에 가보자. 그가 무엇을 사는지, 무엇을 사먹자고 하는지 보면 그를 웬만큼 알 수 있다. 할머니들이 쪼그리고 앉아 파는 나물 이름을 다섯 개 이상 안다면, 그와 함께 늙어가는 미래가 나쁘지 않을 것이다.

"행복한 가정은 살아가는 모습이 비슷하다. 그러나 불행한 가정은 불행한 이유가 제각기 다르다."

톨스토이의 소설 《안나 카레니나》는 이렇게 시작한다. 남자를 만나는 이유가 그와 함께 '가정'을 만들고 싶은 것이라면, 함께 장봐서 조물조물 나물 무쳐 먹는 것을 즐거워하는 남자를 선택하면 되지 않을까. 그렇게 그는 내 이웃과 비슷하게 살아가는 행복한 가정을 나와 함께 만들어갈 수 있는 남자일 것 같다.

나는 그녀가 피임하기를 바라는데……
나는 그가 조심하기를 바라는데……

_ 영국 건강교육협의회 인쇄광고 카피

임신에 대처하는 법
사랑보다 먼저 책임에 대해 생각하라

8년이 넘도록 진하게 연애해온 친구가 실연을 했다. "우리 헤어졌어. 둘 다 지겨워진 거지, 뭐." 친구는 아주 조금만 훌쩍이며 지난 8년간의 긴 사랑이 마침표를 찍었다고 짧게 고백했다. 그 이야기를 들은 후, 나는 좀 일찍 퇴근하는 날이면 저녁이라도 사주고 싶어 전화를 걸곤 했지만 그녀는 왠지 나를 피하는 눈치였다.

그렇게 연락이 뚝 끊긴 지 두 달쯤 되었을까. 어느 날 밤 친구가 우리집 앞 카페에 와서 날 불러냈다.

"아! 나쁜 새끼, 못된 새끼, 개자식! 내가 그럴 줄 알았어. 너 몰래 딴 여자 만난 지 석 달, 그리고 또 뭐? 그 석 달 만에 결혼? 거기다가 아홉 살이나 어린 년? 처음부터 난 걔 그런 놈인 줄 알아봤어. 네가 너무 푹 빠져 있어서 너한테는 차마 말을 못했는데, 왠지 믿음이 안 가더라고. 네가 과외를 몇 탕이나 뛰어가면서 번 돈으로 영화 보고 차 마시고 밥 먹고 술 먹고 놀러 다니고 그랬으면서. 만날 떨어지기만 하는 고시 준비한답시고 너한테 들러붙어 뽑아먹을 건 다 뽑아먹고, 이제 와서 그 아홉 살 어린 년한테 가슴이 뛴다고? 미친 놈! 잘했어, 너. 차라리 잘된 거야."

나는 마치 내가 실연을 당한 것처럼 길길이 날뛰며 접신이라도 된 듯 저주를 퍼붓다가, 별 반응도 없이 조용히 고개만 떨어뜨리고 있는 친구를 쳐다보았다. 그녀는 아무 말 없이 재스민차만 석 잔째 마시고 있었다.

내가 너무 열을 올렸나? 심한 소리에 거친 욕까지, 좀 주접스러웠나? 그래서 오히려 친구 마음을 상하게 했나? 머쓱해진 나도 입을 다물고 조용히 커피만 연거푸 마셨다.

시간이 좀 흐른 후 친구가 무겁게 입을 열었다.

"나, 낙태도 했어. 나는 정말 낳고 싶었어. 정말 예쁠 것 같았어. 그와 나의 아기. 그런데 그 남자는 딱 한 마디 하더라. '나는 네가 피임하고 있는 줄 알았는데……' 그때 알았어. 우리 헤어지겠구나. 그러면서도 정리 못하고 질질 끈 내 잘못이야."

친구는 또 차를 마시고 다시 한참 만에 말을 이었다.

"그 남자는 나 만날 때마다 사랑한다고 했어. 밥 먹다가도, 영화 보고 나오면서도, 길을 걷다가도…… 하루에도 몇 번씩 그러니까 그 말이 나 배불러, 나 피곤해, 나 추워, 나 심심해처럼 습관이 돼버리더라. 서로 아무 감동 없는 말이 된 거지. 이제 알겠어. 사랑한다는 말을 그렇게 쉽게 하는 남자는 나를 정말 사랑하는 게 아니라는 걸."

친구는 몰랐다. 사랑이 사랑이 아닌 게 될 수 있다는 사실을, 임신에 대처하는 법을. 사랑이 사랑이 아닌 게 되는 것은 어쩔 수 없다. 하지만 임신이 임신이 아닌 게 될 수는 없다. 마음이 어른이 되기 전에 몸부터 어른이 돼버리는 불쌍한 청춘들. 그도 그녀도 사랑을 시작하기 전에 임신에 대처하는 법을 알았어야 한다. 사랑해도 임신에 책임을 질 수 없다면 임신이 되지 않도록 예방했어야 한다. 그렇지 못할 경우 그들의 사랑은 무책임한 감정의 낭비일 뿐이며, 책임감 없는 사랑은 사랑이 아닐 수도 있다는 것을 알았어야 한다.

당시 결혼 13년차 선배의 잔인한 불임인생을 지켜보고 있던 터라 친구의 임신과 낙태 고백이 더 속상하고 안타까웠던 것 같다. 그 선배는 아기를 갖기 위해 10년 가까이 인공수정, 시험관아기 시술 등 온갖 노력을 기울이고 있었다. 누구보다 열정적으로 일했던 그녀가 직업도 버리고 매달렸건만, 기약 없는 산부인과 드나들기에 선배는 조금씩 지쳐갔다. 하지만 지금도 그녀는 아이 갖기를 포기하지 않고 있다. 꼭 낳고 싶다고, 사랑하는 남편의 아이를 갖고 싶다고, 눈물 젖은 목소리로 호소했다.

병원에서도 이제 그만 포기하라고 권유하지만 결코 그럴 수 없다고 고개를 젓는 그 선배의 맹목적인 2세 갖기 열망이 한동안은 거북했다. 그렇게까지 해서 꼭 아이를 낳아야 하나, 그렇게 아이가 갖고 싶다면 입양하면 되지 않나, 입양문화가 우리 사회에 좀더 깊이 뿌리를 내려야 하니 어쩌니 하면서 그녀의 임신열망을 속으로 폄하한 적도 있다. 요즘 같은 시대에 아이가 없으면 어떤가, '딩크족Double Income, No Kids' 운운하는 것도 촌스러울 정도로 당연하게, 아이 없이 사는 게 더 스마트할 수 있지 않은가.

그러나 어느 날 그녀의 고백을 듣고는 잘 알지도 못하면서 제멋대로 비아냥거렸던 내가 한없이 부끄러웠다. 아침 주부 청취 시간대의 라디오방송에 소개된 청취자 사연 같은 이야기였다.

"엄마가 나 일곱 살 때 돌아가셨어. 소풍 갈 때 엄마가 싸주는 도시락, 초경이 시작된 날 엄마가 챙겨주는 여성용품, 밤늦게 공부할 때 엄마가 따뜻하게 데워주는 우유…… 나는 그런 것들이 평생 소원이었어. 그래서 나는 꼭 내 아이한테 내가 받아보지 못한 거 배로 해주면서 살고 싶었어."

그런 거였다. 그녀에게 아이는 그런 존재였다. 사랑의 결실이 돌이킬 수 없는 실수가 되어버린 친구나, 사랑의 결실이 평생의 숙제가 되어버린 선배를 보면서, 신은 왜 그 고귀한 선물을 꼭 갖고 싶은 사람에게 내려주시지 않는 건지 원망스러웠다.

미국 유학중에 아이를 낳은 친구가 있다. 그녀는 제왕절개 수술을 받았고, 친정엄마조차 찾아와주지 못한 병실에서 혼자 눈물을 흘리고 있었다. 그때 간호사가 몇 장짜리 설문지를 주더란다. 최근 몇 개월 동안 혼자 있을 때 눈물을 흘려본 경험이 있나? 가끔 나 자신이 쓸모없는 사람이라는 생각이 드나? 아이를 낳는 것이 걱정스러운 적이 있나? …… 설문지는 우울증에 관한 문항들로 빼곡히 채워져 있었다. 수술 후 회복중이던 친구는 만사가 귀찮아서 질문들을 다 읽지도 않고 모두 '가끔 그런 적 있음'에 체크해버렸다.

잠시 후 그 친구는 신생아와 함께 퇴원할 수 없다는 통보를 받았다. 하늘이 무너지는 것 같았다. 자신이 갓 낳은 아이를 병원에 두고 나와야 한다는 사실이, 그것도 낯선 타국땅에서 얼마나 당황스러웠겠는가.

담당의사는 친구에게 한 달짜리 산모우울증 회복 프로그램을 끝내고 다시 테스트를 받아 양호하다는 결과가 나올 경우에만 아이를 데려갈 수 있다고 말했다. 남편은 이리 뛰고 저리 뛰어 병원 관계자에게 도움을 청하고, 친구는 상담사와 긴 시간 면담과 협상을 한 끝에, 자신이 영어를 잘 몰라서 설문지를 제대로 작성할 수 없었다는 거짓말까지 해야 했다. 상담사는 그녀의 한국인 이웃들에게 일일이 전화를 걸어 내 친구가 정신적으로 문제가 없음을 확인했다. 이 길고 피곤한 과정 끝에 친구는 다시 설문지를 작성했고, 간신히 아이를 안고 퇴원할 수 있었다.

고단한 유학생활로 지쳐 있던 친구는 임신기간 내내 아이를 낳아 키우는 것에 대해 엄청난 부담감을 느꼈는데, 그것이 얼마나 철없는 생각이었는지 그때 깨달았다고 한다. 아이를 낳은 엄마가 과연 아이를 기를 자격이 있는 사람인지 세심하게 심사하는 그들의 모습을 보면서 출산이 얼마나 숭고한 일인지 깨달은 것이다.

공부욕심이 많아 임신중에도 극성스럽게 계속 학교를 다녔던 내 친구는 아이를 낳은 후 장기간 휴학하고 육아에만 전념하겠다고 결심했다. 그래서 결국 학위를 받지 못했다. 그러나 아이를 건강하게 기르고 따뜻하게 보살피는 일이 어떤 학위를 따는 것보다 명예로운 일임을 깨달은 자신이 대견하다고 했다. 친구는 내년이면 학부모가 된다. 엄마가 되는 걸 그렇게 겁내고 부담스러워했던 한 여자가 완연한 엄마로 훌쩍 성장한 모습이 그지없이 아름다워 보였다.

누구나 한번쯤 물불 가리지 않고, 뜨겁게 사랑을 한다. 그러나 여자라면 꼭 임신에 대한 생각을 정리하고 누군가를 사랑해야 한다. 사랑의 결실에 대한 책임감이 없는 남자는 사랑의 기본조차 갖추지 못한 사람이다. 사랑의 결실에 대한 책임을 전적으로 남자에게 기대하는 여자 역시 사랑할 자격이 없는 사람이다.

임신에 대처하는 법

세계 최초의 태교책은 우리나라에서 발간되었다. 정조 때 만들어진 《태교신기胎敎新記》. 임신기간 어떻게 일하고 어떻게 먹고 어떻게 자야 하는가를 꼼꼼히 적어 태교의 중요함을 가르치는 책이다. 여기에 이런 구절이 있다. "스승의 10년 가르침이 어머니가 열 달 뱃속에서 기르는 것보다 못하다. 어찌 열 달의 수고를 꺼려 불초한 자식을 낳아 스스로 소인의 어머니가 되겠는가."

뱃속에 있는 열 달 동안 태아는 어머니가 보고 들은 대로, 마음먹는 대로, 행동하는 대로 느낀다고 한다. 옛 선비들은 아이를 키우는 것 이상으로 잉태하고 낳기까지의 시간을 소중히 여겼다. 쉽게 사랑하지 말고, 가볍게 임신하지 말자. 나와 내가 낳을 아이는 소중하니까.

캔맥주의 빈 캔과
찢어진 사랑은
가까운 쓰레기통으로!

— 일본 산토리맥주 인쇄광고 카피

헤어진 남자는 재활용도 못하는 쓰레기다

남들도 다 하는 실연이고, 난생 처음 당하는 실연도 아니었다. 이별을 통보받은 후에야 이런저런 시나리오가 머릿속에 써지기 시작했는데, '설마 이런 거짓말까진 안 했겠지' 생각하면서도 혹시나 해서 파헤쳐보면, 그 모든 시나리오가 사실과 딱 맞아떨어졌다. 기분이 그야말로 더러웠다. 나를 만나온 시간의 절반 동안 다른 여자를 함께 만나온 그 자식에 대한 분노와, 그것도 모르고 그를 싸고돌았던 멍청한 나에 대한 회한이 도통 잦아들질 않았다. 영화 〈이터널 선샤인 Eternal Sunshine〉에서처럼 기억을 지워주는 서비스가 있다면 내 피같은 1년 연봉을 다 갖다바칠 수도 있을 것 같았다.

그런 자식 더 만나봐야 뭐 하겠어? 차라리 잘됐어, 잘 가라! 어쩜 이렇게 완벽하게 날 속일 수가 있지? 난 또 어쩜 그렇게 바보천치

같이 눈치도 못 챘을까?

'bye bye bye'와 'why why why' 사이를 하루에도 골백번씩 왔다갔다하며, 수직 상승과 하강을 거듭하다 보니 온종일 아무것도 할 수가 없었다. "일이라도 바빠서 다행이야." 어떤 사람들은 실연당하고 나면 오히려 더 일에 집중하는 것으로 아픔을 지워가기도 한다던데, 난 일에도 도무지 집중할 수가 없는 완벽한 '쪼다' 상태였다.

복수하고 싶다, 응징하고 싶다는 마음과는 달리 내 인생은 오히려 엉뚱한 방향으로 헛나갔다. 똑부러지고 야무진 복수는 〈친절한 금자씨〉 같은 영화에서나 가능한 일이었다. 나는 그저 무기력한 나를 끝도 없이 방치하는 것으로 몇 개월을 보냈다. 일주일에 이틀쯤은 '카트라이더'를 동틀 때까지 달리고, 이틀쯤은 각종 '미드'와 '일드'를 일곱 편 이상 봐도 잠이 오지 않았다. 사흘쯤은 가열차게 술을 퍼마셨다. 함께 마셔줄 사람이 없을 땐 혼자 마시며 또 카트라이더를 달리고 드라마를 봤다. 정말 술 많이 마셨다.

그렇게나 마음이 썩어들어가고 아프고 죽을 것 같은데, 방구석에 버리지 않고 쌓아둔 빈 캔에 비례해 술살은 무서운 속도로 불어갔다. '조금은 야윈 그대 모습, 빗길을 걸어가며 가슴 아팠네.' 실연의 아픔 때문에 야위고 살이 빠지는 것은 감미롭고 애절한 발라드 가사에나 나오는 일일 뿐이었다.

그렇게 실연의 아픔을 가장한 자기연민의 늪에서 허우적거리는 나를 무작정 차에 태우고 밤길을 달려 땅끝마을 잔잔한 바닷가에 데려가준 선배가 있었다. 유학중에 공부할 시간 다 빼앗겨가며 대여섯 시간씩 내 한심한 마음앓이를 메신저와 전화로 위로해준 친구도 있었다. 방 안에만 틀어박혀 있는 나에게 소울푸드 부추부침개를 바삭하게 부쳐 배달해준 동료도 있었다.

주변 사람들이 그렇게 애를 쓰는데도, 바닷가의 해돋이를 보고 잠깐, 억울한 속내를 털어내고 잠깐, 부침개를 한 입 베어물고 잠깐…… 그때그때 잠깐씩만 밝아졌다가 다시금 실연이 퍼질러놓은 슬픔과 분노에 흥하도록 몰입했다. 친구들 보기 민망해서라도 좀 빨리 털고 일어났으면 좋았을 텐데, 참으로 오랫동안 미련하고 격하게 아파했다.

아픔도 슬픔도, 어지간히 아파하고 슬퍼하고 나면 바닥을 치고 다시 올라오게 돼 있다. 나처럼 유난을 떨면서 촌스럽게 바닥을 헤매면 자신은 물론 죄 없는 친구들도 힘드니까, 되도록 담담하고 멋지게 바닥을 치고 올라오는 것이 좋다.

찢어진 사랑은 쓰레기다. 헌 옷이나 가구처럼 '어, 멀쩡한데 왜 버렸지?' 아까운 마음이 드는 쓰레기가 아니다. 종이, 유리병, 캔처럼 주워다 팔면 몇 푼이라도 건질 수 있는 쓰레기도 아니다. 재사용은커녕 재활용도 안 되는 쓰레기다. 물컹하게 썩은 물이 흐르고 악취가 코를 찌르는 음식물쓰레기다. 가장 더럽고 괴롭고 난감해서 비싼 처리기를 따로 들여놓기도 하는 것처럼, 끝난 사랑 역시 힘들고 아픈 비용을 치러야 한다. 그러니 사랑을 갖다버리기 싫으면 남김없이 다 먹고, 이왕 버리기로 했으면 최대한 빨리 버려야 한다. 찢어진 사랑은 쓰레기다. 빨리 내다버리지 않으면 내가 찢긴다.

월리엄 포크너William Faulkner의 소설 《에밀리에게 장미를Rose for Emily》의 주인공 에밀리는 미국 남부의 귀족가문 그리어슨가의 외동딸이다. 아버지를 잃고 홀로 남겨진 그녀는 오랫동안 앓아눕는다. 얼마 후 북부 출신의 쾌활하고 끼 많은 사내 호머가 공사장 노동자로 마을에 들어왔는데, 그가 에밀리와 어울려 다니는 모습이 마을 사람들에게 종종 목격된다. 사람들은 에밀리가 보석상에서 남자의 은제 화장품 한 벌을 주문하고는 물건마다 호머의 이니셜을 새기게 한 것을 알고는 두 사람이 곧 결혼할 거라고 수군거렸다. 그러나 공사가 끝난 후 호머는 마을을 떠났고, 다시는 돌아오지 않았다.

그후 40년이 넘도록 에밀리는 집 밖으로 한 발짝도 나오지 않았다. 몇몇 사람이 쉰 살이 넘은 그녀를 잠깐 찾아간 적이 있는데, 작고 가늘었던 골격에 살이 붙어 "웅덩이물 속에 오랫동안 담겨진 시체처럼 부르터 보였다. 피부색도 그처럼 창백했다. 그녀의 두 눈은 부어오른 얼굴에 파묻혀, 마치 밀가루반죽에 꽉 박아놓은 두 개의 석탄조각 같아" 보였다고 했다. 그렇게 그녀는 오랜 세월 동안 실연의 상처를 끌어안고 축축하고 우울하게 지내온 것이다.

에밀리가 74세의 나이로 세상을 떠나자 마을 사람들은 그녀의 집을 찾아갔다. 이곳저곳을 둘러보던 사람들이 한 방의 문을 열었더니 먼지 덮인 혼례용품들 사이로 한 사내의 유골이 침대에 뉘여 있었다. 그리고 그 옆에 놓인 베개에는 최근까지도 사람이 누웠던 듯, 긴 머리카락 한 올이 떨어져 있었다. 에밀리의 것임이 너무도 분명한 긴 청회색 머리카락이었다.

에밀리가 40여 년 동안 애인의 시체 곁에 누워 있었다는 것을 생각하면 소름이 끼친다. 하지만 그 사실만 섬뜩한 게 아니다. 그녀가 눈물과 미련에 저당잡힌 채 흘려보낸 그 금쪽같은 세월이 나는 정말 아깝고 안타깝다.

나는 내 친구, 내 동료, 내 후배…… 어느 누구도 에밀리처럼 되지 않기를 바란다. 우리는 이제 시간을 막 흘려보내도 될 만큼, 좋은 경험 했으니 다음부터 안 그러면 된다고 스스로를 위로할 만큼 어리지도 않다.

진짜 사랑에 이별은 없다. 지구 끝까지 뛰어가서라도 부둥켜안고 같이 세월을 떠안아야 한다. 세상에 '아름다운 이별'이란 없다. '실연을 당했다'는 말도 어불성설이다. 그냥 쉽게 차였다고 하자.

이별 후 눈물과 미련의 늪에 빠져 집 안에 틀어박히는 여자가 있는가 하면, 이별하자마자 미팅과 소개팅 스케줄을 잡고 맞선을 보느라 동분서주하는 여자도 있다. 그런데 배가 너무 고플 땐 유통기한도 보이지 않고 칼로리를 따질 생각도 하지 못한다. 그저 뭐든 위장으로 쑤셔넣기에만 바쁘게 된다. 이렇게 배가 고플 땐 오히려 흰죽 정도만 살짝 위 속으로 넣어줘야 탈이 안 나는데 말이다.

이별의 아픔을 새로운 사랑으로 빨리 잊고 싶은 마음이야 충분히 이해하지만, 그 전에 이별을 충분히 '애도'할 시간을 가져야 한다. 헤어진 그가 꼭 다시 만나고 싶은 안타까운 사람이든, 꼴도 보기 싫은 천하의 나쁜 놈이든, 이별 후의 슬픔과 상실감을 충실히 느끼고 표현해서, 그가 없는 환경에서도 잘 살아갈 수 있는 새로운 '나'로 변화시키는 과정이 반드시 필요하다.

하루빨리 새로운 사랑이 찾아오길 바라는 마음이 굴뚝같겠지만, 한동안은 그냥 이상형인 남자주인공이 나오는 영화나 드라마를 무조건 많이 봐야 한다. 밤을 새워서라도, 몇 편씩 다운받아서라도 두고두고 보는 것이 좋다. 그리고 사람이 많은 곳을 찾아가 운동을 해야 한다. 하루에 서너 시간 미친 듯이 운동을 하자. 몸이 건강해지면 마음의 원기도 빨리 회복할 수 있다.

헤어진 남자는 쓰레기고 시체다. 오래 끌어안고 있을수록 나도 더러워지고 악취가 난다.

실연을 극복하는 법

고구려의 지도를 새로 그린 광개토대왕은 멋진 남자다. 검은 피부로 당당
히 미국 대통령이 된 오바마는 멋진 남자다. 여러 명의 자녀를 자상하게 돌
보는 브래드 피트는 잘생기기까지 한 멋진 남자다. 그러나 헤어진 나의 남
자는 그저그런, 길에 널려 있는 수준일 뿐이다. 광개토대왕만큼 개척정신
이 없고, 오바마만큼 능력이 없고, 브래드 피트처럼 잘생기지도 못한 남자
는 내 수준이 아니다. 재활용도 못할 쓰레기 따위일 뿐이라고, 사실을 있는
그대로 인정하라.

효과음   (전화벨 울리고 상대가 받는 소리)
엄마   (일방적으로 쏟아붓듯이) 여보세요, 초류안 식당이죠?
         여기 3가의 다나카인데, 겐치우동 두 개 부탁합니다!
남자   (매우 공손하게) 아, 여기는 초류안이 아니고 요코하마입니다만……
엄마   (정색하며) 초류안이 아니라고요?
남자   (역시 매우 공손하게) 예, 아닙니다.
효과음   (전화 끊는 소리)
엄마   좋은 청년 같구나.
딸   그렇죠, 엄마!
내레이션 전화는 사람이다.

_ 일본 NTT 라디오광고 카피

잘못 걸려온 전화를 어떻게 받는지 보라

"남자친구 뭐가 그렇게 좋아?"라고 물어보면 "나한테 정말 잘해줘"라고 대답하는 여자가 많다. "여자친구가 어떤 사람이었으면 좋겠어?"라고 물어보면 "부모님한테 잘하는 여자요"라고 대답하는 남자도 많다. 나와 부모님한테 잘하는 애인. 좋다. 사랑스럽다. 하지만 앞으로도 오래오래 함께할 파트너를 만나고 싶다면 나나 내 가족 말고, 이 라디오광고에서처럼 생면부지의 남을 어떻게 대하는지 봐야 한다.

사랑에 빠져 있을 때 남자는 나에게 하염없이 자상하다. 이 시기에는 둘이 샴쌍둥이처럼 몸도 마음도 하나라는 착각이 든다. 하지만 이런 샴 상태는 그리 오래가지 않는다. 사랑이 식어서가 아니라, 새로운 국면을 맞이하기 때문이다. 설렘과 흥분으로 가득한 열정의 시간은 서서히 평온하지만 밋밋한 일상의 시간으로 바뀌어간다.

《냉정과 열정 사이》의 저자 츠지 히토나리辻仁成는 이렇게 말한다. "연애는 순간에 터지는 불꽃놀이고, 그 다음엔 사랑하기로 결정을 내려야 한다. 그 다음에는 잔잔한 파도 같은 일상으로 들어가야 한다." 그 잔잔한 일상 속에서 다른 사람의 인생을 사랑으로 끌어안을 수 있는 사람이 바로 내 사람이라는 것이다.

나는 이 진리를 알아채는 데 꼬박 서른다섯 해가 걸렸고, 내가 끌어안을 그가 어떤 사람이면 좋을지 나만의 기준을 갖는 데도 그만큼의 세월이 필요했다. 그 기준 중 하나가, 내가 그에게 가장 사랑하는 '남'이 되었을 때, 그때도 과연 쭈욱 행복할 수 있겠는가다. 그걸 알려면 그가 길거리에서 만나는 아저씨, 아줌마, 어린 학생, 꼬마들을 어떻게 대하는지 보면 된다.

오래전 빵을 무척 좋아하는 남자와 길을 걷고 있었는데, 그가 하필 빵집 앞에 좌판을 벌이고 퍽퍽한 백설기를 파는 할머니를 차마 그냥 지나치지 못하고 남은 백설기를 '솔드아웃'시켰다. 어느 날은 같이 택시를 탔는데, 기사님이 도리어 뒷좌석에 앉은 우리에게 자꾸만 길을 물으셨다. 몇 번 우왕좌왕 설명을 하다 보니, 어째 버스를 탄 것보다 더 피곤했다. '내비게이션 두고 왜 자꾸 물어보세요?' 꽥 쏘아붙이려는 찰나, 그가 조용히 공손하게 말했다. "저희도 잘 모르겠으니까, 수고스럽더라도 내비게이션 찍어서 가주세요." 아, 이 남자는 몇 번 더 만나봐야겠구나 싶었다.

남한테만 잘하는 남자도 물론 문제가 있다. 특히 '남'인 다른 여자들한테까지 다 잘하는 남자는 경계해야 마땅하다. 하지만 '남'을 대하는 태도의 결이 고운 남자라면 나를 어떻게 대할지도 정답지를 미리 본 것처럼 훤히 알 수 있지 않을까.

물론 나에 대한 그의 기준도 마찬가지일 것이다. 화나는 일이 있으면 꼭 화풀이 대상을 찾아내고야 마는 나, 오랜만에 걸려온 친구의 전화를 끊자마자 그 친구 험담을 늘어놓는 나, 회사 앞 스타벅스 직원에게는 매너 좋고 가끔 애교까지 부리는 손님이지만 엄마한테는 옆집 아줌마네 강아지만큼도 애교가 없는 나, 나에게도 남에게도 때론 나보다 더 소중한 사람에게도 함부로 말하고 행동하는 나를 발견할 때마다, 내 남자친구는 나를 어떻게 생각할까 뜨끔해진다. 이런 내가 좋은 남자 고르는 기준을 이야기해도 되는 걸까 민망해진다.

셰익스피어는 말했다. "외모의 아름다움은 눈만 즐겁게 하지만, 상냥한 태도는 영혼을 매료시킨다." 똑똑해도 거만하지 않고, 부자라도 가난한 이와 함께할 줄 알며, 잘 보일 필요 없는 사람에게 더 공손한 남자라면 분명히 언젠가 성공할 것이다.

NTT의 라디오광고에서 딸의 남자친구에게 전화를 잘못 건 손님인 것처럼 전화해본 엄마가 안심한 이유는 무엇일까? 그것은 그가 타인에 대한 배려심이 있는 친절한 남자였기 때문이다.

그러나 그게 다일까? 금쪽같은 내 딸을 오직 친절하다는 이유만으로 그에게 주어도 좋다고 생각할 엄마는 세상에 없다. 아마 그 몸에 밴 공손함에서 미래를 예측할 수 있었던 것 아닐까? 그처럼 타인을 배려하고 공손한 태도를 지닌 사람이라면 이 사회에서 낙오되거나 쫄딱 망해서 딸을 고생시킬 확률은 적을 거라고 생각했을 것이다. 거만하거나 불친절하거나 짜증을 내는 사람이라면 그 성품만으로 '아웃'이겠지만, 성품이 좋은 사람이라면 그 성품으로 어떻게 사회에서 성공적인 삶을 살 것인지, 엄마는 이미 본능적으로 판단한 것이다.

이른바 '사' 자 들어간 남자와 결혼했다가 갈라선 친구가 벌써 여러 명이다. 호텔에서 화려한 결혼식을 올리고, 양가 부모의 넉넉한 경제적 뒷받침 속에서 신혼생활을 시작한다. 그런 결혼, 그런 신혼살림은 직접 가서 보지 않아도 한 다리 건너 친구들을 통해 예물반지가 몇 캐럿이라는 소문까지 금세 퍼진다. 그런데 몇 년 안 가서 이혼한 경우, 여자 쪽 이야기를 들어보면 사연이 참 오만가지지만, 가만히 들여다보면 또 별것 아니다. '잘난 남자의 독선'으로 집약된다.

평생 자기가 신은 양말 한번 세탁통에 넣어본 적 없고 벽에 못 하나 박을 줄 몰라 출장수리를 부르는 남자, 공부 잘하고 어려운 시험에 합격했다는 자신의 옵션이 세상 사람 모두 끝없이 존경해줘야 하는 라이선스라도 딴 것인 양 지독한 자기애에 빠진 남자…… 문제는 자신이 못 하나 박을 줄 모른다는 것을 너무나 당연하게 생각하는, 자신이 왜 직접 못을 박아야 하는지 의아해하는 태도다. 이렇듯 아주 사소한 문제부터 친정식구에 대한 싸가지 없는 태도에 이르기까지 쭈욱 수없이 많은 사례를 관통하는 한 가지는 '독선'이다.

물론 이런 남자들은 "거기 북경이죠? 짜장면 하나에 짬뽕 곱빼기 하나요"라는 전화를 받으면 곧장 성질을 내며 끊어버릴 것이다. 그런 전화가 두세 번 연속해서 온다면 욕을 퍼부을지도 모른다. 딸내미를 그렇게 잘 키워놓은 내 친구 엄마들은 왜 딸의 남자에게 그런 장난전화 한번 안 걸어보셨을까?

나는 이제 알겠다. 안쓰러울 정도의 화려한 결혼과 짧아서 오히려 다행스러운 신혼생활에서 빠져나온 친구들의 경험담을 통해서 철저히 학습이 되었다. 그런 독선덩어리 남자들은 나이 들어 관리자의 역할을 해야 하는 시기가 오면, 어느 후배에게도 존경받지 못하고 어떤 상사에게도 인정받지 못한다. 그러니 정말 성공할 남자를 고르고 싶다면, 손가락에 멍이 좀 들더라도 벽에 못 정도는 직접 박고 양말은 벗어 세탁통에 넣을 수 있는 남자, 그런 일에도 행복해할 남자, 그런 일이 법학·의학·외교학·경영학만큼이나 소중하다는 것을 아는 남자를 만나야 한다.

비록 자기 손으로 콘크리트벽에 못을 박지는 못하더라도 출장 나온 아저씨에게 커피라도 한잔 대접할 정도의 됨됨이를 갖춘 남자

나는 몰랐다…

라면 충분히 봐줄 수 있지 않을까.

명상가 바바 하리 다스Baba Hari Dass의 글에 이런 내용이 있다.

앞을 보지 못하는 맹인이 물동이를 머리에 이고 손에는 등불을 든 채 우물가에서 돌아오고 있었다. 그때 그와 마주친 마을 사람이 말했다.

"정말 어리석은 사람이군. 앞을 보지도 못하면서 등불은 왜 들고 다니는 거지?"

맹인이 대답했다.

"당신이 저에게 부딪힐까 염려해서지요. 이 등불은 나를 위한 것이 아니라 당신을 위한 것입니다."

다른 사람을 위해 자기 것을 버리지는 못할지라도, 작은 등불 하나 밝힐 수 있는 남자를 찾기가 정말 이렇게 어려운 것일까?

성공할 남자 고르는 법

"여기 ○○빌딩 지하주차장인데요. 1113차량 차주 되시죠? 죄송해서 어쩌죠. 제가 운전이 서툴러 주차해놓으신 차를 좀 세게 박았어요. 보험회사에 연락은 해놓았는데……."

친구 시켜서 이런 전화를 남자친구에게 해보라. 바로 소리부터 지르는지, 아니면 속상한 목소리긴 하지만 그래도 평정을 유지하고 지하주차장으로 조용히 내려오는지 지켜보라. 후자라면 지하주차장 구석에서 은밀하게 키스를 해주어도 좋다.

나는 몰랐다…

3

나는 바랐다…

번듯한 직장에서
일 잘한다는 소리 듣고
승승장구 승진해서
돈도 잘 벌 수 있기를.
이제 알겠다.
취직하는 방법도
직장생활 잘하는 법도 모르면서
실업률 타령만 하고 있었다는 것을.

혹독한 여행을 함께할 사람 찾음.
저임금, 혹한, 오랜 암흑, 끝없는 위험, 귀국 보장 못함.
성공했을 때에는 명예와 유명세가 따름.

_어니스트 새클턴

오기를 키우는 법
운동화 끈을 수시로 조여매자

영국의 유명한 남극탐험가 어니스트 섀클턴Ernest Shackleton이 런던의 한 신문에 낸 이 구인광고에 영국의 사나이들은 모두 섀클턴을 따라나서기라도 할 듯 뜨거운 호응을 보였다. 딱 26개의 단어로 이루어진(영어 원문) 이 카피는 진짜 남자가 되고 싶었던 영국 신사들의 잠재된 열망을 자극했다. 고소득을 보장하는 것도 아니고, 심지어 살아 돌아오지 못할 수도 있다는, 무서울 정도로 솔직한 이 광고에 왜 그토록 많은 영국인이 열광했을까?

100년이 지난 지금까지도 광고계에 회자되는 이 명카피는, 하지만 늘 월급이 너무 적다고 여기는 나 같은 여자에게는 그야말로 코웃음거리다. 모험을 감행할 용기, 일상을 내던지고 싶은 충동도 카드값 빠져나가고 오피스텔 월세 내고 나면 월급이 들어오긴 했나 싶은 나에게는 조금도 자극제가 되지 못한다. 몇 달 전 질러버린 명품가방 할부금의 부담이 가방을 멜 때마다 어깨를 짓누르는데 무슨 모험이고 용기란 말인가.

그러나 남극탐험 따위에는 밀알만 한 관심조차 없는 나도 이 카피를 흘긋거릴 때가 있다. 아침에 일어나 '악!' 소리 나도록 출근하기 싫을 때, 주말이나 공휴일 또는 황금연휴 한복판에 회사를 나가야 할 때, 이 짧은 카피를 잠깐 보면서 장비를 챙겨 남극으로 향하는 영국 신사들을 상상한다. 월급이 없으니 당연히 야근수당이나 연월차 수당도 없고 인센티브 보너스도 없을 텐데, 그런데도 그들이 목숨까지 내놓고 떠나려고 한 이유는 무엇이었을까 생각해본다. 100년도 넘은 남의 나라 남자들의 생각이 궁금해진다.

각자 그들만의 이유가 있었겠지만, 어느 날 내가 보는 신문에 이런 광고가 난다면 나도 한번 지원해볼 것 같다. 그리고 운 좋게 '노진희 씨가 남극탐험 동반대원으로 최종 합격하셨습니다. 축하드립니다. 어니스트 섀클턴'이라는 문자를 받는다면, 그날 저녁 친구들을 모아놓고 맥주라도 거하게 쏘겠지. 그리고 나서 막상 출발 날짜가 하루하루 다가오면, 이런저런 스트레스로 종종거리다가 결국 이런 문자메시지를 보낼지도 모른다. '죄송하지만 갑자기 개인적으로 중요한 일이 생겨서 포기해야 할 것 같습니다. 좋은 기회 주셨는데 너무 죄송해요. 남극탐험 잘 다녀오시고요.'

서른다섯까지는
연습이다

언제나 끌리는 쪽은 일상보다 모험이다. 하지만 이 짧은 카피를 보고 나면 모험은 더 이상 뉴욕이나 파리로의 여행이 아니다. 인도나 아프리카로 무슨 대단한 깨달음이라도 얻을 듯 떠났다가 돌아와서는 자기가 얼마나 고생했는지 떠들어대는 오지로의 여행 역시 모험 축에도 끼지 못한다. 그러니 쑥 나온 입은 쏙 집어넣고 출근하자. 출근도 주말근무도 모험이다. 팍팍함, 척박함, 목숨을 보장하진 못해도 한숨은 보장하는 모험. 그래도 월급은, 수당은 챙겨주니 다행이라고 해야 할까.

이 남극탐험대원들의 이야기만큼이나 '악!' 소리 나게 일하기 싫은 날 떠올리는 문구가 또 있다. 황학동에서 일생을 리어카 끌며 잡화를 팔던 할아버지의 이야기다. 눈이 오나 비가 오나 리어카를 끌고 나와 손님을 기다리는 할아버지에게 유일한 보양식은 박카스였다. 박카스 광고를 담당한 적이 있어서 그 할아버지가 소개된 뉴스꼭지를 눈여겨보았다. 하루 한 병 박카스를 마시며 수십 년 동안 단 하루도 거르지 않고 그 자리로 출근한 할아버지는, 자신을 인터뷰하러 온 기자가 왜 이렇게 춥고 손님도 없는 날에도 꼬박꼬박 나오시냐고 묻자 "삶은 고행이고, 생업은 의무"라는 거룩한 말씀을 남기셨다.

남극탐험대원과 황학동 할아버지. 그들의 이야기에는 한 가지 공통점이 있다. 새 달력 받으면 빨간 날 먼저 세는 날라리 직장인들의 아침잠을 깨우는 모닝콜이자, 상사의 잔소리보다 더 서늘하게 뒷목을 내리치는 죽비소리가 되어준다는 것.

변변한 대학을 나오고도, 이 나이까지 결혼도 하지 않았으면서 직장이나 직업을 갖지 못한 친구들이 있다. 과외아르바이트나 몇 개월짜리 학원강사 자리를 전전하다가 적금 한번 꽉 채워 타보지 못한 채 서른 중반이 되었다고 하소연한다. 다행히 그런대로 번듯한 직장에서 차장 명함씩이나 갖고 있는 내가 그 친구들한테는 조그마한 로망이 될 법도 하다. 그러나 전혀 그렇지 않다. 워낙 속 다 털어놓고 사는 나인지라, 친구들은 내 속이 얼마나 숯검댕처럼 시커먼지 다 안다.

그중에서도 제일 든든한 내 친구 지영이. 몇 해 전 어느 연말, 달력 바꾸기 전에 둘이서 송년회나 하자고 만난 날이었다. 인센티브 들어와 통장이 잠깐 두둑한 나에게, 과외자리 하나 물고 있다가 잘려버린 지영이가 오히려 스파게티를 쏘겠단다. 계집애, 진짜 이쁘다.

살짝 취기가 돌자 나는 또 하소연이다.

"나 진짜 회사 그만둘까 봐. 너무 힘들어. 일이 끝이 안 나. 지난주에 한 피티의 광고주가 다음 달에 다시 피티를 하겠대. 광고주들은 진짜 피티 받는 낙에 사나 봐. 그냥 타이핑이나 서류 복사 하면서 커피심부름이나 하는 편한 일 없을까? 나 머리 쓰는 일 너무 힘들어. 그냥 몸 쓰는 일 하고 싶어."

이런 말도 안 되는 소리 내뱉으면서 징징거리는 나를 속 넓은 지영이는 다 받아준다.

"언젠가 네가 보낸 이메일, 나 안 지우고 저장해뒀어. 그 남극탐험대원 모으는 광고 카피 말이야. 나한테 과외받는 아이가 성적이 더 떨어져서 그 엄마한테 싫은 소리 들은 날이나, 나이 제한 없다는 모집요강 보고 이력서 냈다가 면접관한테 '아니, 몇 살인데 아직도 이러고 있어요'라는 말 듣고 기가 막힌 날, 나는 그 남극탐험 카피가 생각나더라. 난 정말 각오가 돼 있거든. 월급이 쥐꼬리만 해도, 일주일에 사흘은 퇴근하지 못하는 고단한 일이라 해도 정말 열정적으로 최선을 다할 각오 말이야. 그런데 여기저기 원서 내고 면접 보다 내 20대가 다 지나가버렸어. 난 네가 이렇게 속앓이하면서 직장생활하는 것 자체가 너무 부러워. 네가 마음고생하는 거, 다 네 자산이야. 그런 마음고생은 너를 자라게 하잖아. 난 네가 정말 잘해냈으면 좋겠어. 네 일에서 꼭 최고가 되어줬으면 좋겠어. 네가 부럽지만, 널 질투하지는 않아. 나는 한심하지만 잘되는 친구 질투할 만큼 바닥이고 싶지는 않거든. 그게 내 마지막 자존심이야."

그날 집에 돌아와 지영이에게 보냈던 그 카피를 다시 찬찬히 읽고, 그 26개의 단어를 단단히 외웠다. 당시 또 한 번 사표를 낼 뻔한 나의 허술함을 지영이와 어니스트 섀클턴이 말려준 것이다. 그래서 지금도 난 매달 꼬박꼬박 월급을 타먹고 있다.

131

나는 바랐다…

정말 다 때려치우고 싶을 때는, 누가 시키지도 않았는데 자진해서 목숨 걸고 남극탐험에 나선 영국 남자들을 생각해보자. 뭔가 극복하고 싶은 마음, 뭔가 해내고 싶은 마음, 뭔가 목숨 걸고 이루고 싶은 오기를 가진다면 다 해낼 수 있지 않을까?

전설적인 복서 알리는 말했다.

"우리를 지치게 하는 것은 우리가 올라야 할 산이 아니다. 신발 속의 조약돌이다."

나를 피곤하게 하는 것은 정작 회사가 아닐 수도 있다. 지치지도 않고 징징거리는 내가 나를 하염없이 지치게 하고 있는지도 모른다.

오기를 키우는 법

덜컥 사표를 내버리고 뉴욕으로 날아가 1년 반 동안 헤맨 적이 있다. 그때 만난 한 여성 뉴요커는 유난히 정장 맵시가 좋았다. 키가 크고 다리도 길어 회색이나 검정색 바지정장이 멋스럽게 어울리는 그녀는 가방도 빅 사이즈로 매치해, 딱 봐도 월스트리트의 커리어우먼 같았다. 그런데 특이하게도 그녀는 꼭 그 정장 슈트에 운동화를 신었다.

언젠가 기회가 되어 물었다. 정장에 왜 구두가 아니라 운동화만 고집하는지. 그녀는 매일 일하다 한두 번은 운동화 끈을 꽉 조여 다시 맨다고 했다. 월스트리트에서의 삶은 고액 연봉에 멋진 사무실, 겉으로 보기에는 누구보다 화려하지만 그 속은 바짝바짝 타들어갈 만큼 엄청난 경쟁에 내던져져 있기 때문에 하루하루 자신을 채찍질해야만 버틸 수 있다는 것이었다.

운동화 끈을 바짝 조이고 평소보다 한 템포 빨리 걷자. 그리고 꼭 이겨먹어버리고 말겠다는 각오를 다져보자.

133

어릴 때 친구들이랑 씨름을 하다 보면
생선가게 아이한테서는 생선냄새가,
두부집 아이한테서는 두부냄새가,
목재상 아이한테서는 목재냄새가 났습니다.
저에게서는 주로 시큼한 냄새가 난다고 했습니다.
사진 현상액인 빙초산냄새였겠지요.
그렇습니다. 저는 사진관집 아이였습니다.
옛날에는 아이들이 아버지의 가업에 물들며 자랐습니다.
지금은 다들 무색무취입니까? 재미없어졌습니다.

_ 일본 코니카 카메라 인쇄광고 카피

가장 잘하고 싶은 한 가지가 스펙이다

그토록 원하던 광고대행사의 신입사원이 된 나는 세상에 무서울 게 없었다. 온몸에 자신감이 흘러넘치고, 의욕은 하늘을 찔렀다. 그러나 그 꼿꼿하던 자신감과 의욕은 며칠을 가지 못하고 허물어져 내렸다.

내가 쓴 카피는 허구한 날 선임 카피라이터에게 가차없이 내던져져 바닥에 내리꽂혔다. 그러던 어느 날 회의시간, 나는 깨달았다. 그래픽디자이너 선배는 자신의 아이디어를 보여줄 수 있는 간략한 그림 혹은 사진 이미지를 들고 왔고, 피디 선배는 한 컷 한 컷 스토리보드를 그려와 자신의 아이디어를 설명했다. 카피라이터인 내가 말로 설명한 아이디어는 그 자리에서 찍소리도 못 내고 다 죽어버렸는데, 선배들의 아이디어는 대여섯 개씩 채택되었다.

'아! 선택되는 아이디어에는 그림이 있구나. 이미지가 있어야 아이디어가 팔리는 거였어!'

나는 바로 그날 퇴근하는 길에 모신문사의 문화센터 연필인물화 과정에 등록했다. 물론 야근 때문에 빼먹는 날이 더 많았지만, 얼굴의 각 부위를 어떻게 그려야 되는지 배웠고 틈틈이 연습도 했다.

두 달이 지난 어느 날, 나는 얼굴의 각 부위를 합쳐 하나의 얼굴을 완성했다. 그런데 그 그림은 너무 볼썽사나워서 '웃지 못하는 공주'를 웃길 수도 있을 정도였다. 다음 날 점심시간, 나는 우울해하는 동기에게 나의 두 달여 그림수업이 담긴 스케치북을 보여줬다. 과연 내 '발그림'은 그녀의 우울함을 한 방에 날려주었다.

동기가 너무 오래 웃어서 살짝 삐치려는 찰나, 등 뒤로 알 수 없는 냉기가 느껴졌다.

내 카피를 매번 내던지시던 바로 그분, 나에게는 세상에서 가장 무서운 선임 카피라이터가 떡하니 버티고 서 계셨다. 나는 잔뜩 긴장이 되었지만 제법 자신만만한 표정을 지어 보였다. 좋은 아이디어를 내기 위해서 내가 남몰래 이런 노력까지 한다는 걸 자연스럽게 알릴 수 있는 좋은 기회라고 생각했다. 나는 꽤 상기된 톤으로 말했다.

"제 아이디어에도 그림이 있어야 힘이 실릴 것 같아서 그림연습을 좀 했어요."

그러면서 가장 잘 그린 속눈썹 부분을 보여주려고 스케치북을 앞으로 후닥닥 넘겼다. 하지만 선임 카피라이터는 그럼은 본체만체, 집게손가락으로 내 이마를 서너 번 꾸욱꾸욱 밀어내며 말했다.

"야, 카피나 잘 써. 카피를 좀 그렇게 연습해라."

'그래, 이렇게까지 열심히 하는구나' 정도의 칭찬을 예상하고 있던 나는 어안이 벙벙했다. 뭐가 뭔지도 모르고 의욕만 앞서 우왕좌왕하는 나에게 그는 이렇게 충고했다.

"카피라이터에는 여러 종류가 있어. 성격 좋은 카피라이터, 기획팀이랑 잘 지내는 카피라이터, 광고주 앞에서 프레젠테이션을 잘하는 카피라이터…… 물론 다 잘한다면야 정말 훌륭한 카피라이터겠지. 하지만 카피라이터는 일단 카피를 잘 써야 되는 거야."

그림까지 잘 그리는 카피라이터는 카피를 잘 쓰는 카피라이터가 된 다음에 해도 된다는 이야기였다.

서울대 김난도 교수가 한 인터뷰에서 이런 이야기를 했다.

"오리는 물에서 헤엄칠 수도 있고, 땅에서 달릴 수도 있고, 하늘을 날 수도 있죠. 헤엄치고, 달리고, 거기에다 날기까지 합니다. 최고의 스펙입니다. 하지만 오리는 돌고래처럼 헤엄칠 수 없고, 독수리처럼 날 수도, 말처럼 달릴 수도 없지요. 많은 청년이 두루뭉술하게 뭐 하나 빠지는 게 없는 인간이 되려고 합니다. 나중에 독수리가 될지도 모를 청년들이 오리가 되는 연습만 하고 있습니다. 적당히 헤엄치고,

나는 바랐다…

적당히 달리고, 적당히 나는 연습 말입니다. 사회도 그걸 요구하고 있죠. 기업들이 서류 스펙만 보고 있으니까 다들 오리가 되는 연습만 하고 있는 거예요."

신입 카피라이터 몇 명이 들어왔다. 모두들 영어를 꽤 잘한다. 어학연수를 다녀왔거나, 심지어 뉴욕에서 그 비싼 대학원까지 졸업한 후배도 있다. 모두들 패션감각도 남다르다. 어디 내놓아도 뭐 하나 빠지지 않을 그들을 보면서, 10년 전 나를 인턴사원으로 뽑아준 선배 카피라이터의 이야기가 생각났다. 몇 년 만에 한 주점에서 만난 선배는 이렇게 말했다.

"너 인턴 시절에 비하면 정말 용 됐다. 난 아직도 너 처음 봤을 때 입고 있었던 그 후줄근한 후드티가 생각나. 색깔만 두어 가지 다른 후드티를 겨우내 입고 다녔잖아. 근데 그 후드티에 폭 싸인 조그만 애가 얼마나 반짝반짝하던지 눈이 부셨어. 넌 그때 카피는 잘 못 썼지만, 낯선 무언가가 있었어. 그런데 야, 그렇게 킬힐 신고 키만 세워서 어떻게 카피를 쓰니?"

선배는 점점 세련돼가는 내 모습이 싫다고 노골적으로 말했다. 약간 취기가 돌았지만 그게 무슨 의미인지 알 것 같았다. 철든 이후로 쭈욱 스타일에 살고 스타일에 죽는 나였지만, 인턴 시절 석 달 동안만큼은 어떻게든 뽑혀보려고 죽을힘을 다하느라 패션 따위는 관심도 없었다. 그렇게 후줄근한 차림으로 용을 쓰던 내가 정식직원으로 채용되고 나서는 스타일개천에서 용이 된 것이다. 정작 카피개천은 벗어나지 못하고 지금도 바닥을 헤매면서, 그나마 있었던 날선 무언가도 점점 무뎌지고 있었던 것이다.

신입 카피라이터들 중에 영어는 잘하지만 한글은 맞춤법도 잘 모르는 후배가 몇 있다. 나는 중학생 논술과외하듯 그들이 쓴 카피의 맞춤법부터 봐줘야 하는 처지가 되었다.

요즘 새로 들어온 카피라이터들은 문서를 보기 좋게 편집하고 포장하는 스킬도 뛰어나다. 카피 몇 줄과 함께 인터넷에서 찾은 이미지 몇 컷 정도는 파워포인트에 기본으로 앉혀 온다. 하지만 이미지를 찾는 데 너무 신경을 쓴 나머지 정작 카피라이팅에는 힘을 쏟지 못한 흔적이 여실하다.

그들은 와인바에 가도 주눅이 들지 않는다. 프랑스산인지 칠레산인지 냄새만 맡고도 아는 아이가 있다. 골프가 수준급인 후배도 있고, 자동차 모델명만 대면 가격을 줄줄이 꿰는 아이도 있다. 공부도 잘하고 이런저런 잡기에도 능한 그들은 자신이 제법 반짝반짝하다고 생각하는 듯하다. 하지만 소설가 김동리와 김동인을 구별하지 못하고, 외우는 시라곤 김춘수의 〈꽃〉이 다인 그들은 왜 카피라이터가 되고 싶었을까? 내가 카피라이터라면 그 정도는 당연히 알아야 한다고 생각하는 그것 말고는, 못하는 게 없고 모르는 것도 없는 그들이 왜 하필 카피라이터가 되고 싶었을까?

"사람이 튀지 말고 카피가 튀어야 해. 톡톡 튀는 카피를 얘기하는 게 아니란 것쯤은 알겠지? 카피 한 줄 없이 그림으로만 소비자의 마음을 사로잡는 광고도, 가장 잘 쓰고, 가장 잘 쓴 것도 버릴 줄 아는 카피라이터에게서만 나오는 거야. 기본적으로 쓰는 것에 대해 뭔가 독기가 있는 사람이 카피라이터가 돼야 해."

그 선배의 말뜻을 나는 신입 후배들과의 술자리에서 깨달았다. 다음 날 나는 킬힐을 벗어던졌고, 10년 전 입었던 후줄그레 낡은 후드티를 다시 꺼내 입었다.

영화 〈드림걸스Dream Girls〉의 3인조 보컬그룹에서 가장 가창력이 뛰어난 에피(제니퍼 허드슨)는, 가창력은 떨어지지만 미모가 빼어난 디나(비욘세 놀스)에게 리드보컬을 빼앗기고 이렇게 소리친다. "디나는 얼굴이 죽이지만 난 목소리가 죽인단 말예요. 가창력 하면 바로 나라고요Deena is beautiful but I've got the voice. I've got the voice!"

나도 목청껏 외치고 싶다. "카피 하면 바로 나라고요!"

스 펙 쌓 는 법

하루키는 자기 자신을 원고지 4매로 설명해보라는 요청을 받고 굴튀김에 대해서 썼다. 소설가란 굴튀김에 관해서도 어디까지나 소상하게 써나갈 수 있는 사람이라는 것을 보여준 것이다.

자신을 남들에게 어떤 옵션으로 설명할 것인가 생각하지 말고, 자신이 가장 목숨 걸고 잘하고 싶은 한 가지를 먼저 생각해보자. 그것이 세상의 수없이 많은 요리 가운데 하나일 뿐인 굴튀김일지라도 그 어떤 대단한 옵션보다 빛나는 스펙이 되어줄 것이다.

다들 그럴까요?
세상에는 1,900여 종의 자동차가 있습니다.
모두 _____인 설계로 _____하고
_____한 _____의 공간과 _____한 환경을 갖추었다고 합니다.
정말 그럴까요?
빈칸의 단어는 인간공학적, 안락, 안전, 쾌적, 최적 등입니다.
우리는 어떻습니까?

_미국 SAAB 인쇄광고 카피

'원 오브 뎀'이 되지 말자

다음 세 가지 중 자신에게 해당되지 않는 것이 몇 가지인지 생각해보자.

1. 나는 오늘 어제와 비슷한 하루를 보냈다.

2. 내가 요즘 읽고 있는 책은 지난달에 읽은 것과 비슷한 내용의 책이다.

3. 나의 최근 고민거리는 작년과 비슷하다.

만일 이 세 가지에 모두 해당된다면 당신은 잘못 살고 있는 것이다. (대단한 똑똑박사처럼 조목조목 항목을 나열한 나도 이 세 가지에 모두 해당된다. 그래서 고민스럽다.)

또 다른 질문을 해보자.

1. 나는 옆자리 동료나 친구와는 다른 삶을 꿈꾸고 있다.

2. 나는 지금 하고 있는 일에서 전혀 다른 방법을 찾고 있다.

3. 내년에 나는 지금과 전혀 다른 문제로 새로운 과제를 해결해가고 있을 것이다.

만일 이 세 가지에 모두 해당된다면 당신은 정말 잘 살고 있는 것이다. (대단한 똑똑박사처럼 조목조목 항목을 나열한 나는 이 세 가지에 모두 해당되지 않는다. 그래서 괴롭다.)

우리는 매일 치열한 경쟁 속에 놓인다. 나는 선후배 동료 카피라이터와 경쟁하고, 나의 팀은 옆 팀과 경쟁하고, 나의 광고주는 다른 브랜드와 경쟁하고 있다. 이런 경쟁의 생태계에서 정말 진저리나게 도망치고 싶을 때가 한두 번이 아니다.

나의 경쟁은 만 일곱 살 때부터 시작되었다. 옆자리 짝꿍이 받아쓰기 100점을 맞으면, 꼭 한두 개씩 틀리는 나는 엄마만큼은 아니었겠지만 속이 상했다. 그 받아쓰기에서 시작해 지금 이 순간까지 경쟁을 해야 밥을 먹을 수 있는 삶을 살고 있다. 승산도 별로 없는 이놈의 경쟁에서 벗어날 수는 없을까?

회사 책상머리에 앉아 다른 팀을 이길, 다른 회사를 이길 생각 대신 경쟁에서 벗어나는 방법을 고민하던 때가 있었다. 팀장님이 알면 노발대발할 일이지만 내 인생을 팀장님과 회사가 책임져줄 건 아니니까, 나로서는 스스로 대견하다고 생각하며 고민에 빠져 있었다. 하지만 어느 누구 하나 내 이야기에 귀기울여주지 않았다. 나보다 날 더 잘 아는 친구도, 늘 뒷덜미 서늘한 충고를 아끼지 않는 선배도, 인생의 든든한 버팀목이 되어야 할 남자친구도 나의 고민을 그저 배부른 투정 혹은 술자리 안줏거리 정도로밖에 취급하지 않았다.

그런데 뜻밖에 나 같은 비주류인생에 관심을 갖고 금과옥조 같은 조언을 해준 세계적인 석학이 있었다. 하버드대학의 문영미 교수는 나에게 이렇게 말해주었다.

"차이를 만들어라, 전혀 다른 방향으로 걸어가버리라고."

35년째 한 링 위에서 새로운 경쟁자가 올라오면 영문도 모른 채 치고받고 싸우다 '땡!' 하고 종이 울리면 다음 라운드를 기다리던 나에게, 그 링을 벗어나 자기만의 다른 링에서 자신과 싸우라고 깨우쳐준 것이다. 그것이 바로 차이를 만들어내는 길이라고. 진작 알았다면 내 서른다섯 살이 이 살벌한 경쟁의 링 위에서 이렇게 피멍 들어 팅팅 붓지는 않았을 텐데……

문영미 교수는 '디퍼런트different'라는 단어에 대한 정의를 내리면서 자신의 고등학교 시절 일화를 들려준다. 선생님이 '하루 동안 반항아로 살아보라'는 숙제를 내주셔서 그녀는 다음 날 잠옷에 티셔츠 차림으로 학교에 갔다. 하지만 교실에 들어서는 순간, 대부분의 학생이 같은 방법으로 숙제를 했다는 것을 깨달았다. 아이들은 저마다 우스꽝스러운 옷차림에 특이한 머리 모양, 진한 화장에 화려한 장신구를 치렁치렁 달고 있었다.

딱 한 명 예외가 있었으니, J라는 과묵한 성격의 남학생이었다. 그는 평소와 똑같은 차림으로 학교에 왔다. 그런데 수업시간이 되자 달라졌다. 다른 때는 결코 튀는 법이 없었던 J가 그날은 수업시간마다 교사의 질문에 번쩍 손을 들고 일어나 대답을 했다. 특히 평소 선생님에게 전혀 쓰지 않던 극존칭(Sir, Ma'am, Mister, Miss)을 깍듯하게 붙였다. 그녀와 친구들은 J의 행동이 그날 제일 '반항적'이었다고 결론 내렸다.

문영미 교수는 그날의 경험에서 중요한 진리를 깨달았다고 한다.

"차별화에는 두 가지가 있다. 세상에는 별로 의미가 없는 차별화, 그리고 중대한 의미를 지니는 차별화가 존재한다. 나는 잠옷 차림으로 교실에 들어서는 순간, 수많은 아이가 나처럼 기괴한 옷차림을 하고 있다는 사실을 발견했다. 더욱 진지하게 고민을 했더라면 나 또한 창조적인 방법을 생각해낼 수 있었을 것이다. (……) 주변 사람들은 어떤 것이 별로 중요하지 않은 차별화인지, 어떤 것이 중요한 의미를 담고 있는 차별화인지 분명하게 가려낼 수 있다."

"아직 잠들어 있는 자 99퍼센트, 이미 깨어 있는 자 1퍼센트, 무리들이여 안녕~" 10년쯤 전 이 자동차 광고를 봤을 때 신입 카피라

146

서른다섯까지는
연습이다

이터였던 나는 숨이 멎는 것 같았다. 디자인이나 성능 면에서 우월함을 강하게 어필하던 당시의 자동차 광고들 사이에서 이 광고는 그들과 경쟁조차 하지 않고 있었다. 그저 1퍼센트임을 우월하게 강조할 뿐이었다. 모두를 '무리'로 규정짓고 '안녕'하며 경쟁의 틀에서 벗어나버린 것이다. 아무것도 모르던 시절, 나는 이런 광고 카피를 언제쯤 쓸 수 있을까, 머리를 쥐어박으며 답답해했다.

문영미 교수가 이 광고의 사례를 알았다면 이렇게 분석했을 것 같다. "아이디어 브랜드들은 경쟁에 참여하지 않는다. 이것이 바로 아이디어 브랜드의 핵심 전략이다. 그들은 경쟁이나 비교에 관심이 없다. 그리고 소비자들의 불만과 비난을 두려워하지 않는다. 그렇기 때문에 소비자들은 그들에게 각별한 관심을 갖는다."

오래전 신문 칼럼에서 읽은 이야기 한 토막이 생각난다.

한 남자가 오토바이를 몰고 국경을 넘으려 한다. 뒷자리에는 수상쩍어 보이는 두 개의 큰 자루가 묶여 있다. 경비대가 그를 세우고 묻는다. "자루에 뭐가 있죠?"

남자는 "돌멩이밖에 없어요"라고 대답한다. 경비대는 자루를 탈탈 털어 내용물을 수색해보지만, 남자의 말대로 자루 속에는 돌멩이뿐이다. 경비대는 하는 수 없이 남자를 통과시킨다.

그후로도 남자는 일주일에 세 번씩은 국경에 왔고, 그때마다 경비대는 자루를 뒤졌다. 뒤집어도 보고, 적셔도 보고, 칼로 찢어도 봤지만, 언제나 자루를 가득 채운 돌멩이만 확인할 수 있었다.

어느 날, 번번이 허탕만 치는 수색에 지친 한 경비대원이 남자에게 소리쳤다.

"당신이 밀수를 한다는 사실을 알고 있다. 그런데 자루를 검사하면 늘 돌멩이밖에 안 나오니 우리도 미칠 지경이다. 무슨 수작을 부리는 건지 솔직히 말해라. 그러면 널 체포하지 않겠다."

일종의 회유를 받은 남자는 빙글빙글 웃으며 자백했다.

"장물 오토바이를 밀수하고 있어요."

그동안 내가 '차별화된 생각'이라고 내밀었던 것들은 행여 자루를 뒤집어서 보고, 찢어서 보고 하는 유의 야단법석이 아니었을까? 짜여진 좁은 생각의 틀 안에서 이리 가보고 저리 가보고 허탕만 치느라, 정작 중요한 밀수품이 오토바이라는 사실은 눈치도 못 채고 있었던 것 아닐까?

나도 우왕좌왕하는 경비대원보다는 훌쩍 국경을 넘는 오토바이 남자가 되고 싶다. 경쟁자들의 틈바구니에서 피비린내 나게 싸우지 않고 나만의 색깔을 가진 도전적인 삶을 살고 싶다.

며칠이 지나면 또 도토리 키재기 같은 일상 속에서 쥐어짜고 속상하고 지쳐가겠지만, 지금 이 순간 또 한 번 결심해본다. 생각의 판자체를 바꿔보겠다고, 이제부터 나는 어제와 다른 오늘을 살고, 늘

읽던 책이 아니라 전혀 다른 영역에 도전하고, 작년과는 다른 훌쩍 성숙한 고민을 할 것이라고.

차이를 만드는 법

시골의사 박경철은 《자기혁명》에서 이렇게 말한다. "인간에게는 세 가지 유형이 있다. 소시민으로 불리는 우리의 모습인 '원죄형 인간', 비겁한 출세주의자들의 전형적인 모습인 '자기도취형 인간', 자신과 견해가 다른 사람은 어리석다고 여기며 흔히 역사가 자신을 평가할 거라는 터무니없는 장담을 늘어놓곤 하는 '과대망상형 인간'이다."

그는 기성세대의 도전은 과대망상이 아닌 합리적인 도전이어야 하고, 청년의 도전은 이 세 가지 유형 어디에도 포함되지 않는 것이어야 한다고 말한다. 맞다. 도전에서조차 자신만의 색깔을 가져야 의미있는 결실을 거둘 수 있는 세대다. 차이를 만들어내는 도전을 해야 한다.

1976년 추운 1월, 뉴욕 인터내셔널스타디움의 조명이 모리시타 요코에게 쏟아졌다.
아메리카발레시어터와 함께한 그녀의 공연에 대해 〈뉴욕타임스〉는
"완벽한 자태, 흠잡을 데 없는 균형. 모리시타 요코의 몸짓 하나하나는
클래식 발레리나가 될 수밖에 없는 그녀의 운명을 여실히 보여준다"고 평했다.
몇 년이 흐른 지금, 세계 발레계가 모리시타 요코를 인정한다.
그녀는 이제 페르난도 부호네스, 조르주 돈, 루돌프 누레예프 같은
뛰어난 발레리노들과 듀엣을 이룬다. 듀엣 연기야말로 수많은 팬이 열광하는
그녀의 수려한 테크닉이 가장 잘 드러나는 부분이기도 하다.
엄청난 재능을 타고났으면서도 그녀는 '천재 발레리나' 같은 찬사에 손사래를 친다.
그녀에게 완벽함이란,
끊임없는 노력과 확고한 열정으로 몸부림칠 때만 얻어지는 것이다.
"하루에 한 켤레씩 토슈즈가 닳아 없어지죠. 인간의 근육은 기억력이 안 좋아서
날마다 연습해야만 춤동작을 근육에 기억시킬 수 있어요.
연습을 하루 쉬면 근육이 풀렸다는 걸 제가 알아채고,
이틀을 쉬면 파트너가 알아채고, 사흘을 쉬면 관객들이 알아챕니다."
매공연 막이 오르기 전, 그녀는 무대 뒤에서 대기중인 아무에게나
빨리 뭐라도 지적해달라고 부탁한다. 더 완벽한 공연에 대한 그녀의 열정은
이렇게 실제 공연까지 이어진다. 이 같은 철저한 자기관리 덕에 그녀는
일본인 최초로 무용수 최고의 명예인 로렌스올리비에상을 수상했다.
하지만 이런 최고의 상은 그저 완벽을 향한 그녀의 열정을
더 뜨겁게 달아오르게 할 뿐이다. "앞으로도 빼어난 무용수들과
파트너로 공연하고 싶어요. 그게 제가 더 완벽해질 수 있는 길이거든요."
그녀에게는, 공연프로그램에는 이름이 없는 또 하나의 파트너가 있다.
롤렉스 레이디 데이트저스트다.
"이 손목시계는 단순히 시간을 알려주는 걸 넘어 정교하고 우아해요.
제 평생 파트너가 될 겁니다."

_미국 롤렉스 인쇄광고 카피

상사를 좋아하는 만큼
좋은 상사가 된다

"연습을 하루 쉬면 근육이 풀렸다는 걸 제가 알아채고, 이틀을 쉬면 파트너가 알아채고, 사흘을 쉬면 관객들이 알아챕니다." 천재 발레리나 모리시타 요코의 자기고백을 직장인인 우리의 상황에 맞게 각색해보자. "하루를 슬렁슬렁 일하면 스스로 뜨끔해지고, 이틀을 슬렁슬렁 일하면 동료의 눈총이 따가워지고, 사흘을 슬렁슬렁 일하면 팀장님이 조용히 회의실로 부르신다."

서른다섯, 직장생활 10년을 막 채운 나는 벌써 여러 회사를 경험했다. 사표를 던질 때마다 이유도 제각각이었다. 평생 선배들 뒤치다꺼리만 하다 끝날 것 같아 사표, 공부를 더 해볼까 싶어 사표, 을로 사는 삶이 지긋지긋해 사표……

하지만 어느 순간 깨달았다. 나는 도망가고 싶었던 거다. 나 자신을 감동시킬 만큼의 최선이 뭔지도 모르면서, 마감에 임박해 내놓은 카피 몇 줄로 '난 할 만큼 했다' 천연덕스럽게 자기변명을 했던 것이다. 그러다 밑천이 드러날 것 같으니 서둘러 도망쳐나온 것이다.

직장을 그만두고 싶은 이유 중 둘째가라면 서러울 것이, 선배와 상사에 대한 애증이다. 어느 직장이든 나보다 연차는 많은데 실력은 그냥저냥 형편없어 보이는 사람들이 있다. '저 선배는 연차를 다 어디로 먹었나 몰라.' '후배들 아이디어, 기회까지 다 자기 걸로 챙기면서······.' 내 모난 마음가짐 때문인지도 모르고, 나도 누군가의 선배나 상사가 될 수 있다는 생각은 저 멀리 밀어둔 채 원망하고 서러워만 했다.

처음 직장생활을 시작하고 몇 년은 동기들끼리 퇴근 후 술 마시며 선배와 상사 뒷담화하는 것으로 하루를 마감했다.

"김 차장은 마누라한테 꼼짝도 못하나 봐. 심지어 회식 장소까지 집에 전화해서 물어보고 결정한다니까."

"이 대리 오늘 신문광고 시안 레이아웃 잡아놓은 것 보고 내가 어찌나 어이가 없던지. 어제 나한테 너는 왜 항상 똑같니, 왜 새로운 발상을 안 하니, 그래놓고선 자기 건 만날 그 헤드라인 크게 팍 띄워놓고 사진 적당히 찾아 깔아놓는 스타일에서 못 벗어난다니까. 헤드라인이 자기 머리통만 할걸!"

"야야, 우리 팀 하 부장이 카피 뽑아놓은 거, 너희들이 봤으면 배꼽 잡았을 거다. 기업피알이 무슨 장난이냐. '유머소구' 어쩌고 하면서 그걸 웃긴다고 잡아놓은 거야. 웃겨서 배꼽 잡은 게 아니라, 어이가 없어서 배꼽 잡았잖아 내가."

그렇게 하루하루 적당히 취하고 신나게 욕하면서 그 금쪽같은 젊은 시간을 다 흘려보내고 말았다. 서른이 넘고 선배보다 후배가 많아지면서 나는 뒤통수가 뜨끔뜨끔하다. 저 아이들이 퇴근 후 호프집에서 내 뒷담화를 얼마나 해댈까 생각하면 소름이 쫙 끼친다. 내가 쓴 카피를 고루하다 조롱하고, 내가 충고랍시고 늘어놓은 말을 뒷방 노인네 신세한탄한 것으로 치부하지는 않을까?

후배들을 상대로 그렇게 씁쓸한 생각이 들면서 내가 그렇게나 씹어대던 선배들이 그리워진다. 나이가 들고 연차가 높아진다고 일을 저절로 잘하게 되는 것은 아니라는 사실을 나이가 들고 연차가 높아지면서 깨달았다. 오히려 야근을 밥 먹듯이 해도 아침에 제일 먼저 나와 오늘 팀 업무를 체크하던 김 차장님의 성실함이, 크리에이티브하지는 않았어도 스타일이 시원시원해서 늘 평균작 이상은 내놓던 이 대리님의 꾸준함이, 듬직한 외모와 달리 가끔 아주 톡톡 튀는 귀여운 카피를 뽑아내던 하 부장님의 유쾌함이 그립다.

나는 그들의 나이와 그들의 연차만큼 되었어도 그들보다 낫지 않다. 그걸 10년이 지나고 이제야 깨닫는다. 그때 내가 그들에게 성실함과 꾸준함과 유쾌함을 배울 자세가 되었더라면, 아니 그들의 부족함에서조차 배울 것을 찾을 태도가 되었더라면, 나는 지금보다 훨씬 유능한 사람이 되어 있었을 것이다.

"세 사람이 길을 가면 그중에 반드시 나의 스승이 있다"는 속담이 있다. 적어도 세 명 중에 한 명은 나보다 낫다는 뜻이다. 이번 설에는 김 차장님, 이 대리님, 하 부장님께 연하장이라도 보내야겠다. "(그때 몰라봬서) 정말 죄송합니다. 새해 복 많이 받으세요."

툴툴대지만 말고 선배들을 유심히 살펴보라. 놀랍게도, 그들은 연차를 다 눈으로 먹었다! 일을 잘하고 못하고를 떠나, 일에 공을 들였는지 아닌지 대번에 알아보는 안목이 있다. 그건 마치, 우리가 박정현이나 이승철만큼 노래를 잘 부르지는 못해도 매주 〈나는 가수다〉나 〈슈퍼스타K〉를 보며 웬만한 심사위원들 뺨치게 심사평을 할 수 있는 것과 비슷하다. 선배들의 실력이, 그들의 능력이 내가 범접할 수 없는 놀라운 경지가 아닐지라도, 설령 턱없이 모자라 보이더라도 그들은 내가 얼마나 모자란지 누구보다도 잘 볼 줄 안다.

요즘 내가 제일 따라하고 싶은 선배는 모리시타 요코다. 물론 주변에도 내가 배워야 할 선배는 많다. 그들에게 배울 만반의 자세를 갖추고 있다. 거기다 한 분 추가. 아직도 철이 덜 들었는지, 눈이 너무 높은 나는 가끔 모리시타 요코를 꿈꾼다. 언젠가 이렇게 인터뷰를 하고 싶다.

"하루에 한 다스씩 연필이 닳아 없어져야 해요. 나의 뇌는 메모리가 딸려서 날마다 연필을 굴려야 카피를 쓸 수 있어요."

직 장 생 활 잘 하 는 법

징그럽고 느끼해서 싫은 A대리, 늘 잔심부름만 시켜먹는 K차장, 황당한 업무지시로 집중력을 떨어뜨리는 L부장이 있다면 이렇게 생각해보라. '그들에게도 어떤 장점이 있어서 서류전형과 면접을 거쳐 이 회사에 입사할 수 있었을 거야.' 그들의 장점만 쏙 뽑아 내 것으로 만들어보자. A대리는 느물거리지만 사람 좋은 작은오빠, K차장은 이기적이지만 마음은 여린 막내삼촌, L부장은 우유부단하지만 실수는 잘 안 하는 큰오빠라고 생각해버리자. 그들을 예뻐해주자. 그만큼 내가 사랑받는 상사가 될 가능성이 커진다.

나는 바랐다…

(비오는 밤, 남자가 여자의 집 앞까지 데려다준 상황.)

여자   방에 들어오는 것은 좋지만 이상한 짓은 하지 마.

남자   안 해, 안 할 거야.

자막   인간, 진실은, 한 번밖에 말하지 않는다.

(레스토랑에서 남녀가 데이트하고 있는 상황. 잠시 화장실에 다녀온 남자가 여자에게 묻는다.)

남자   내 핸드폰 봤지?

여자   안 봤어, 안 봤다고.

자막   인간, 진실은, 한 번밖에 말하지 않는다.

(대여섯 명이 회의하고 있는 상황. 팀장님은 내내 졸고 있다.)

남자   보고는 여기까지입니다.

(갑자기 조용해지자 흠칫 놀라 깨는 팀장님. 자신에게 시선이 쏠리자

도둑이 제 발 저린 듯 손사래를 치며 말한다.)

팀장   안 잤어, 안 잤다니까.

자막   인간, 진실은, 한 번밖에 말하지 않는다.

(비리에 연루된 정치인이 집에서 나오자 기자들이 그를 에워싸고 질문을 퍼붓는다.)

기자   도대체 누가 받은 건가요?

남자   비서야, 비서.

자막   인간, 진실은, 한 번밖에 말하지 않는다.

_ 일본 하쿠타케 TV광고 카피

나의 말이 나의 미래를 만든다

회사 다니는 여자의 언어활동은 딱 두 가지로 나뉜다. 말해야 할 때 말하지 못하는 경우와 말하지 말아야 할 때 장황하게 말을 늘어놓는 경우. 양쪽 모두 조금만 시간이 지나면 벽에 머리를 콩콩 찧으며 '아, 내가 왜 그랬을까' 후회를 한다는 것이 공통점이다.

말해야 하는 순간 착 상대방의 뇌리에 꽂힐 만한 한 마디를 남길 수 있다면 얼마나 좋을까? 불필요하게 목소리가 높아지거나 불안하게 떨리지 않는다면 얼마나 멋질까?

몇 년 전 일이다. 새 회사에 경력사원으로 출근한 첫날, 내가 앉을 책상이 우리 팀 제일 끝, 수많은 사람이 오가는 복도 쪽 자리인 걸 보고 의아했다. 보통 그 자리는 잔무가 많은 신입사원 또는 인턴들에게 배당된다. "노 차장한테 제일 안쪽 책상을 주는 게 맞는데, 다음 주에 인테리어공사를 시작한대. 그러니까 그때 다 같이 옮기는 게 어떨까?" 팀장님의 설명에 군소리 없이 수긍하고 그 자리에서 일을 시작했다.

그런데 2~3주가 지나도 공사는 시작되지 않았고 급기야 없던 이야기가 돼버렸다. 어쩔 수 없이 다시 자리배치를 해야 하는 상황이 된 것이다. 나는 아직 여러 모로 낯선 상태라, 다른 팀원들이 자리배치도에 이름을 썼다 지웠다 하는 걸 조용히 지켜보고 있었다.

그때 누군가 말했다. "꼭 연차순으로 앉을 필요 있어요? 노 차장님, 그냥 지금 앉으신 바로 옆자리로 가시면 되겠네요. 그쪽은 파티션이 높아서 사람들 지나다녀도 신경 안 쓰이는 자리예요." 연차는 나보다 낮지만 팀 내 터줏대감인 그녀가 '너 하나 때문에 귀찮게 전부 이동을 해야 하니?' 하는 투로 상황을 정리하려고 했다.

나는 그 시점에 분명히 내 의견을 전달하지 못할 경우, 5분 후에는 책상을 치며 후회할 거라는 걸 알고 있었다. 하지만 기가 막히고 또 불편해서 할 말을 잃고 멍하니 서 있었다. 때마침 다른 팀원이 "처음부터 노 차장님이 가장 안쪽에 앉아야 하는 거였잖아요. 상식적으로도 그렇고. 왜 혼자 맘대로 결정해버리세요?"라며 입바른 소리를 해준 덕분에 어색한 상황이 일단락되었다.

나는 부끄러웠다. 경력직 차장으로 입사한 사람이 약속된 자리배치에 대해서도 자신의 의견을 제대로 내지 못하고 후배 '덕'에 어물적 제자리를 찾은 것이. 그리고 속상했다. 단순한 자리배치를 내가 '나'의 문제로 생각하고, '나 하나 때문에 다들 불필요한 이동을 해야 하는 건가' 걱정하며 내 욕심만 부리는 민폐녀라도 된 것 같은 잘못된 감정을 느꼈다는 사실이.

흑인 영화배우 모건 프리먼Morgan Freeman에게 한 기자가 물었단다. "당신에게 내가 검둥이라고 부르면 어떻게 할 건가요?"

"아무런 대응도 하지 않을 거예요."

"왜죠?"

"나를 검둥이라고 부르면 나한테 문제가 있는 게 아니라 잘못된 단어를 사용한 기자양반에게 문제가 있는 거니까요. 나는 당신이 그 문제를 스스로 풀게 놔둘 겁니다."

지금 와서 돌이켜보면, 그때 담담하게 "박 차장님, 그건 차장님이 그렇게 결론내릴 사안이 아닌 것 같아요. 애초에 제대로 했어야 하는 자리배치를 지금 하자는 것뿐입니다"라고 분명하게 말했어야 했다. 그건 나로부터 발생한 문제가 아닌 정당한 요구였으니까.

김수현 작가의 드라마 속 캐릭터처럼 또박또박, 주눅들지도 떨지도 않고 할 말 다 하는 것을 '이기는 화법'이라고 규정한 재미있는 글을 읽었다. 예를 들면 이런 식이다. 평소의 나는 회사에서 황당한 일을 당하면 기어들어가는 목소리로 "이건 또 뭐람? 누구한테 뒤집어쓱우는 거야, 지금. 저런 비열한……"이라고 혼자 구시렁거린다. 하지만 김수현 드라마의 '이기는 화법'을 학습한 나는 하고 싶은 말을 다 쏟아낸다. "당신, 정말 잘났어. 매사에 자신만만하고, 태풍이 불어도 옆에서 누가 죽어도 상관없이 독하고 무섭고 유능하고 치밀하고 정확하고 실수 없고, 누구나 인정하잖아? 다들 인정하잖아? 하지만 지금 이건 아니지. 이래선 안 돼. 정말 안 돼. 예의를 지켜. 그래, 실수! 한 번은 할 수 있어. 할 수 있다 쳐! 그런데 허둥지둥 헐레벌떡 막무가내로 이러는 거, 내가 어떻게 이해해야 하니?"

하하하! 생각만 해도 통쾌하다. 그런데 이런 야무지고 빈틈없는 대사를 누가 미리 써주지 않는 한 어떻게 뱉어낼 수 있단 말인가? 써준다 한들 내가 저 많은 말을 버벅거리지 않고 또박또박 속사포처럼 다 쏟아낼 수나 있을까?

다행인 것은, 직장 내 화법은 굳이 이렇게 구구절절 유려하지 않아도 좋다는 것이다. 말해야 하는 순간 감정에 치우치지 않은 한 마디를, 길게 말하고 싶은 순간에도 요점이 잘 드러나는 한 마디를 할 수 있으면 된다. 가뿐하고 탄탄하게 군살 빠진 화법이 당신을 불필요한 감정과 에너지 소모로부터 지켜줄 것이다. 여기에 흥분되는 순간에도 차분하지만 힘있는 목소리를 유지할 수 있는 능력까지 더한다면 금상첨화다.

할 말을 제때 못하는 것도 문제지만 불필요한 말의 과잉도 문제다. 회사 내에서 달변가로 통하던 기획팀장님이 있었다. 성시경처럼 그윽하고 나직한 목소리에 지적인 외모로 여직원들의 인기를 한 몸에 받던 분이었다.

그런데 '저런 목소리라면 하루종일이라도 들을 수 있어'라고 생각했던 그분과의 회의는 뜻밖에 고역이었다. 그는 한 마디를 끝내고 나면 '예를 들면 이런 거야', 또 한 마디를 끝내고 나면 '예를 들면 이런 거지'. 꼬리에 꼬리를 무는 '예를 들면' 시리즈는 멈출 줄을 몰랐다. 한번은 그의 입 밖으로 '예를 들면'이 나올 때마다 정正 자를 그려봤다. 회의 후 세어본 정 자는 무려 42개.

회의가 끝나고 나면 우리끼리 그 팀장님의 논점을 파악하기 위해 별도의 회의를 해야 할 지경이었다. 그분 책상 위에 세르반테스의 한 마디를 써서 붙여드리고 싶었다. 세르반테스는 간결함에 대해 한 마디로 정의했다. "긴 경험에서 우러나온 짧은 문장."

내가 프로젝트 리더로 일해보니, 불필요하게 장황해지는 경우는 딱 한 가지였다. 아직 그 프로젝트에 대한 스터디가 덜 돼서 자신감이 없을 때. 잘 씌어진 기획서가 한 페이지에 하나의 핵심 생각만을 담아내듯, 잘 내뱉은 말 한 마디는 거두절미한 정수를 담아낸다. 그러니 말이란 그 사람의 인격이기도 하지만 내가 하는 일의 격을 좌우하는 능력이기도 하다.

나처럼 긴 경험에서 우러나올 것이 그다지 많지 않은 사람들은, 자신의 말은 좀 아끼되 타인의 말을 잘 경청하는 것 또한 재능이다.

회사에서 유난히 말을 잘 옮기고 그때마다 조금씩 살까지 찌우는 사람이 있다. 말로 흥하고 말로 망해야 할 그 족속들이 승승장구할 때도 있지만, 하지 말아야 할 말이 뭔지 알아 가려듣고 들은 이야기는 함구할 줄 아는 대인배들이 이기는 경우도 많다.

직장 내 모든 소문의 종착지인 한 선배가 있었다. 어울리는 사람이 많지는 않았지만 그녀는 가장 중요한 정보를 가장 빨리 알고 있었다. 이유는 단 하나. 다른 사람에게 들은 이야기는 누군가가 물어보기 전에는 절대 미리 꺼내놓지 않는다. 비밀스럽고 미묘한 이야기일수록 결론이 확정된 후 발설한다. 그렇다 보니 그녀에게 속사정을 털어놓는 선후배가 많았고, 심지어 상사들까지 중요한 일을 상의하기도 했다. 그녀는 부침 많은 직장생활에서 연말을 두려워하지 않으며 지금도 고고히 제 갈 길을 가고 있다.

주제넘은 사람, 투덜이, 거짓말쟁이의 공통점은 무엇일까? 바로 말이 많다는 것이다. 주제넘게 말이 많다 보니 실수도 많고, 일마다 말마다 투덜투덜 주절대니 왕따가 되고, 진실이 아닌 것을 진실이라 우기다 보니 말이 많아져 신뢰를 잃을 수밖에 없다.

흔히들 말한다. 말 많은 광고계, 말 많은 연예계, 말 많은 학계,

말 많은 출판계, 말 많은 제약업계, 말 많은 호텔업계…… 다들 자신이 종사하는 세계만 유독 말이 많다고 여긴다. 하지만 어떤 업계만 특별히 말이 많은 것이 아니라, 사람들이 모여 일하는 '일의 세계'라면 어디든 말이 많기 마련이다.

그 '말' 때문에 발생하는 오해와 그로 인한 상처만 없어도 직장 생활이 이토록 어렵고 피곤하진 않을 것이다. 이렇게 문제가 많은 '말'이라면 일단 나부터 군살을 빼듯 군말을 빼고 싶다. 꾹 참기만 하는 게 아니라, 욱 하고 폭발하는 게 아니라, 날렵한 라인이 서 있는 알맹이 말을 날숨 쉬듯 자연스럽게 뱉을 수 있으려면, 말에도 다이어트가 필요하다.

군말을 줄이면 잡생각도 덜 나고, 나를 옥죄는 '걱정감옥'에서도 탈출할 수 있다. 삼사일언三思一言, '세 번 생각하고 한 번 말하라'는 옛 어른들의 말씀을 그래서 새기고 새겨도 또 새겨야 하는가 보다.

말 잘하는 법

역사상 가장 위대한 천재이자 화가, 과학자, 발명가, 건축가로서 놀라운 업
적을 남긴 레오나르도 다 빈치는 자신의 아이디어를 단순히 글로 써내려
가는 방식이 아니라, 이미지와 단어를 사용해 자유롭게 펼쳐나가는 입체적
인 방식으로 기록했다. 말을 적게 하면서도 핵심을 뽑아내려면, 회의에 들
어가기 전에 자신만의 마인드맵을 먼저 그려보는 것이 좋겠다. 시각적으로
표현하면, 우리의 두뇌가 무작위로 입력된 정보를 더 쉽게 조직화하기 때
문에, 생각을 체계적으로 정리할 수 있고 주제의 전체적인 구조를 한눈에
파악하면서 폭넓게 사고할 수 있다.

_ 드니 르보 외, 〈생각정리의 기술〉에서

"처음 뵙겠습니다."
이 1초의 짧은 말에서 일생의 순간을 느낄 때가 있다.
"고마워요."
이 1초의 짧은 말에서 사람의 따뜻함을 알 때가 있다.
"힘내세요."
이 1초의 짧은 말에서 용기가 되살아날 때가 있다.
"축하해요."
이 1초의 짧은 말에서 행복이 넘칠 때가 있다.
"용서하세요."
이 1초의 짧은 말에서 인간의 약한 모습을 볼 때가 있다.
"안녕."
이 1초의 짧은 말이 일생 동안의 이별이 될 때가 있다.
1초에 기뻐하고, 1초에 운다.
일생에 걸쳐 열심히, 한순간.

_ 일본 세이코 인쇄광고 카피

칭찬과 사과를 잘하는 법

말은 아끼되 칭찬과 사과는 아끼지 마라

조지 W. 부시 전 미국 대통령은 재직 당시 어눌한 말투와 잦은 말실수 때문에 지적 수준이 의심된다는 비난과 조롱을 당했다. 그가 쓰는 독선적이고 호전적인 외교논리를 가리켜 '부시즘'이라는 신조어로 표현했고, 그의 영어 오용 사례를 수집하는 것이 하나의 대박산업이 될 정도였다. 하물며 지구를 반 바퀴 돌아 서울에 살고 있는 나도 잊을 만하면 툭툭 터져주는 그의 망가진 표현들을 보는 낙으로 세계 뉴스를 볼 정도였다. 내 인생을 통틀어 그토록 열심히 영어뉴스를 애청한 적도 없는 것 같다.

부시 대통령의 말실수들이 재미있었던 이유는, 비영어권의 나도 알아챌 수 있을 정도로 지극히 기본적인 어법이 틀린 것들이었기 때문이다. 예를 들어 이런 실수들이다. "Is our children learning(우

167

나는 바랐다…

리의 어린이들이 배우고 있습니까)?"에서 'our children'은 복수다. 'Is'
가 아닌 'Are'가 맞다. "They misunderestimated the compassion of
our country(그들은 우리나라의 동정심을 잘못 과소평가했습니다)"에서
'misunderestimated'는 없는 단어다. 'underestimated'에 'mis'라는 접
두어를 개념 없이 갖다붙인 형국이다. 이렇게 하찮은 실수는 그 사람
까지도 하찮아 보이게 한다.

'대통령이 저래서 미국 어떡해?' 태평양 너머까지 오지랖을 펼치
다가, 나야말로 먼 나라 대통령 아저씨 걱정을 하고 앉아 있을 계제
가 아니라는 생각에 정신이 번쩍 들었다.

'걍 가까운 데서 만나쟈. 난 오늘 칼퇵. 빨리와 허렵.'

글 써서 벌어먹고 사는 내가 금요일 저녁 친구에게 날린 문자메
시지다. '그냥 가까운 데서 만나자. 나는 오늘 정시에 퇴근해. 빨리 와'
라고 보내면 부산토박이가 '~니?'처럼 어미만 올려 서울사람으로 보
이려고 애쓰는 것처럼 어색하고 친밀감도 영 살질 않는다.

내가 아는 카피라이터 선배는 소개팅한 남자가 보내온 문자메시
지의 띄어쓰기나 맞춤법이 틀리면 그 사람 자체가 틀려먹은 것 같아
두 번 다시 만나고 싶지 않다고 했다. 나는 괜히 얼굴도 모르는 그 남
자를 두둔했다. "언니, 이메일도 아니고 문자는 그럴 수 있어. '손꾸락
질'로 터치하는 게 생각보다 얼마나 귀찮은 일인데!"

이렇게 문자메시지의 캐주얼한 말투에 전혀 거부감이 없는 나도

168

업무용 이메일이나 문자메시지를 받아볼 땐 잣대가 달라진다. 예를 들어, '왕의 남자'를 '왕에 남자'로, '이 건은 다시 검토해봐야 하잖아요'를 '이 건은 다시 검토해봐야 하자나요'로 잘못 쓴 문장들을 같은 사람으로부터 반복적으로 받게 되면, 실제 능력과 상관없이 그를 무시하게 된다.

친구처럼 막역하게 지내는 회사 동료로부터 '헐!'이라는 문자를 받았다. 그는 나에게 라디오광고 녹음 스케줄을 알아봐달라고 급히 요청했었고, 잠시 후 나는 '우리가 결정했던 성우가 스케줄이 다 차서 모레나 돼야 녹음할 수 있대'라고 문자를 보냈다. 그러고 '헐!'이라는 문자를 받았다. 스케줄을 맞출 수 없다는 그 성우에 대한 실망감인지, 그런 결과를 알린 나에 대한 실망감인지, 이 모든 상황을 싸잡아 실망감을 표현한 것인지…… 어느 경우든, 그 짧은 말 한 마디에 '얘 뭐야? 나한테 헐?' 강한 불쾌감을 느꼈다.

이렇듯 상대방에게 불쾌한 느낌을 주며 오해를 살 소지가 다분한 표현들이 꽤 있다. 대박, 쩐다 등. 10대들의 감각이 펄떡펄떡 뛰는 이런 단어들은 '굉장히 좋다'와 '굉장히 나쁘다'는 뜻을 동시에 갖고 있어서, 말하는 톤이나 표정을 보지 않고 문자로만 보면 불필요한 오해를 불러일으키기 쉽다.

아나운서처럼 또박또박 바른말 고운말을 사용하자고 말하고 싶지만, 재미있는 표현을 끔찍이도 좋아하는 나로서는 그렇게까지 말하기엔 찔리는 부분이 많다. 다만, 안 그래도 뒷말 많고 오해 심한 직장 생활, 최소한 말 한 마디로 나의 진심이 왜곡되거나 피곤한 오해가 발생하는 일은 없는 편이 좋지 않겠는가. 좀 젊어 보이려고, 좀 튀어보겠다고 과감하게 써본 신조어로 인해 괜한 손해를 볼 필요는 없다는 이야기다.

잘못 내뱉은 말 한 마디는 사람을 참 보잘것없게 만든다. 반면 잘 표현한 말 한 마디는 모든 것을 뒤집을 수 있는 강력한 힘을 갖는다. 오죽하면 말 한 마디로 천 냥 빚을 갚는다고 했겠는가.

석창우 화백은 젊은 시절 전기엔지니어로 일하다가 감전사고를 당해 두 팔을 잃었다. 실의에 빠져 있던 그가 의수에 붓을 끼워 그림을 그리기 시작한 건 어린 아들의 말 한 마디 때문이었다.

"아빠, 그림 좀 그려줘!"

손가락이 두 개뿐인 이희아 양이 피아노를 치게 된 건 그녀의 어머니가 날마다 딸의 손을 어루만지며 해주었던 말 한 마디 때문이었다.

"네 손이 엄마 손보다 더 예뻐."

입버릇처럼 "어휴, 이 짓거리 오래 할 것도 아니고……"라고 말하는 팀장님 밑에 있을 때보다 내 카피가 좋아진 건 시시때때로 "나는 우리 팀 카피라이터들이 최강인 거 같아"라고 말하는 팀장님의 습관 때문이다.

몇 년 전 《물은 답을 알고 있다》라는 책을 재미있게 읽었다. 오랜 세월 물을 연구해온 저자 에모토 마사루江本勝는, 물에게 어떤 말을 보여줬을 때 가장 아름다운 결정이 만들어지는지, 장난스러운 호기심으로 연구를 시작했다. 유리병에 물을 넣고 '고맙습니다'와 '망할 놈'이라는 글자가 적힌 종이를 물 쪽으로 붙여 영하 20도에서 얼린 후 각각의 유리병 안에서 만들어진 물의 결정을 관찰했다. '고맙습니다'를 보여준 물은 깨끗한 육각형 결정을 만든 반면, '망할 놈'을 본 물에서 만들어진 결정은 제멋대로 흩어지고 찌그러져 있었다.

내가 가장 놀란 포인트는 일본어, 한국어, 영어, 독일어 할 것 없이 '사랑해'나 '고마워'라는 글자를 보여줬을 때 가장 아름답고 깨끗한 결정이 만들어졌다는 점이다. 그 결정의 아름다운 형태는 책에 수록된 사진으로 직접 확인할 수 있는데, 마치 물이 한껏 기뻐하면서 꽃처럼 활짝 핀 듯한 모습이다. 저자는 인체의 70퍼센트가 수분으로 이루어져 있음을 강조하면서, 좋은 말과 나쁜 말의 차이가 얼마나 큰지를 여실히 보여주었다.

'컴퓨터미인'으로 불렸던 여배우에게 한 여성지 기자가 물었다. '언니, 너무 예뻐요' 등의 판에 박힌 칭찬이 지겹지 않느냐고. 여배우가 대답했다. "하나도 안 질려요! 하루에도 수백 번 더 듣고 싶어요."

　청찬은 이처럼 아무리 해도 지나치지 않다고 하지만, 칭찬을 무작정 남발하는 것만이 능사는 아니다. 오랜만에 만난 동창들끼리 "어머, 얘! 너 어쩜 이렇게 예뻐졌니?" 입에 발린 인사만 늘어놓고 있는 걸 보면 "쟤네들 별로 안 친하구나" 싶다. 보는 사람마다 "어머, 너무 동안이세요" 호들갑을 떠는 것은 100명에게 똑같은 단체문자를 돌리는 것만큼이나 성의없어 보인다.

　사실 말은 그 안에 진심이 담길 때 가장 큰 힘을 발휘한다. 다만 사회생활을 하다 보면 진심이 아닌 칭찬도 해야 할 경우가 많이 생긴다. 그런 걸 '아부'라고 하는데, 아부도 좀 티 안 나게 세련되게 할 수 있으면, 하는 나도 듣는 상대방도 함께 유쾌할 수 있다.

　한 사람의 인격은 오랜 시간을 두고 봐야 알 수 있다. 하지만 잠깐만 보고도 그 사람의 인격을 가늠할 수 있는 것이 바로 말이다. 직장이라는 냉혹한 세계에서는 더더욱 그렇다. 그 사람의 말이 그 사람의 전부라 해도 좋을 만큼, 말 한 마디가 치명적이기도 하고 결정적이기도 하다. 사소하지만 치명적인 말실수는 자꾸 덜어내고, 사소하지만 결정적인 힘이 되는 말은 자꾸 덧붙여서, 단아하지만 유쾌한 나만의 국어를 가져보는 건 어떨까? 영어 발음 후진 것만이 부끄러운 게 아니다. 모국어를 격있게 쓸 줄 모르는 것이 더 부끄러운 일이다.

칭찬과 사과를 잘하는 법

사람의 인격을 가늠하는 기준 중 하나가 바로 사과를 잘하는 것이다. 실수를 했을 때 진심이 느껴지는 사과를 잘하면 사회생활에서 발생하는 많은 어려움을 해결할 수 있다. "네가 기분 나빴다면 미안해" 식의 표현은 상대가 전혀 사과를 받았다는 느낌을 받지 못하는 가짜사과다.

김호와 정재승이 함께 쓴 《쿨하게 사과하라》에는 사과가 갖추어야 할 6가지 충분조건이 제시되어 있다. 1. '미안해'라는 말 뒤에 '하지만', '다만' 같은 말을 덧붙이지 말아야 한다. "미안해. 하지만 네가 약속을 너무 촉박하게 잡았잖아"라는 식으로 변명을 붙이지 않는다. 2. 미안하다고 이야기할 때는 '무엇이 미안한지'를 구체적으로 밝혀야 한다. "내가 약속을 까먹는 바람에 널 기다리게 해서 미안해" 하는 식이 효과적이다. 3. 유감표명을 넘어서서 자신의 책임을 인정한다는 뜻으로 "내가 잘못했어"라고 명확히 표현해야 한다. 4. 사과를 할 때 개선의 의지나 보상의사를 표현해야 한다. "미안해. 앞으로 한 달에 두 번은 꼭 가족들과 함께 시간을 보낼게." 5. 사과를 할 때는 재발 방지를 약속해야 한다. "다시는 이런 일이 발생하지 않도록 최선을 다하겠습니다"라는 사과문처럼 말이다. 6. 용서를 청해야 한다. "나를 용서해주겠니?"라고 표현하는 것인데, 자존심 강한 사람에게는 매우 어려운 사과표현이다.

나는 바랐다…

자신에게
정직해지면 정직해질수록
여자의 평판은 나빠진다.

— 일본 랑그라저팬 인쇄광고 카피

솔직할 때와
솔직하지 말아야 할 때를 구분하자

"있잖아, 걔네들은 굶으면서 데모하는데 나는 배고파서 쌀 사왔어." 드라마 〈모래시계〉 중 고현정의 대사다.

"5달러짜리 넥타이 3달러에 팝니다. 이유는, 조금 덜 멋있어서." 뉴욕 어느 잡화점 쇼윈도에 붙은 종이쪽지다.

솔직해서 더 사랑받고, 솔직해서 더 이목을 끄는 일은 많다. 나도 솔직하다는 평을 주로 듣는다. 웃을 때 눈은 눈대로 웃느라 바쁘고 입은 입대로 으아아 벌어지는 내 웃음을 '안면 해체'라며 좋아해주는 이가 많다. 고기쌈 먹을 때 쌈채에 고기를 두 점씩 올리고 고추 끝을 잡고 뚝 분질러 한 조각 넣어 먹는 모습에 내숭이나 가식이 없어서 좋다고 말해주는 이도 있다. 이렇듯 솔직한 나는 임희구 시인의 솔직한 이 시를 참 좋아한다.

막 금주를 결심하고 나섰는데

눈앞에 보이는 것이

감자탕 드시면 소주 한 병 공짜란다.

이래도 되는 것인가.

삶이 이렇게 난감해도 되는 것인가.

날은 또 왜 이리 꾸물거리는가.

막 피어나려는 싹수를

이렇게 싹둑 베어내도 되는 것인가.

(……)

나는 얇고 얇아서 금방 무너질 것이란 걸

저 감자탕집이, 이 세상이

훤히 날 꿰뚫게 보여줘야 한다.

가자, 호락호락하게.

_ 임희구, 〈소주 한 병이 공짜〉에서

하지만 직장생활 속에서의 솔직함은 능사가 아니다. 좋고 싫음
이 노골적으로 드러나는 표정과 말은 아마추어처럼 보이는 결정적인
이유가 된다.

오래전, 독단적이기로 소문난 상사 밑에서 일할 때의 이야기다.
그 상사가 금요일에 퇴근하면서 "월요일 오전에 일찍 회의하자"고 했

기에 팀원들은 일요일 아침 일찍부터 모여 다음 날 회의를 준비하고 있었다. 저녁 9시쯤 일을 마무리하고 "저녁이나 먹고 집에 가자"며 웅성거리고 있을 때 상사가 갑자기 회의실에 나타났다. 평일에는 늘 세미정장 차림이었던 그가 그날따라 청바지를 입고 백발 위에는 야구모자까지 쓰고 있었다. 그 모습이 썩 잘 어울리기도 했고, 당시 내가 '작은 것이라도 칭찬하라'는 자기계발서의 한 구절을 밑줄쳐가면서 읽고 있던 터라 평소에는 잘 하지도 않던 칭찬을 시도했다.

"일요일인데 나오셨네요."

하이톤으로 '어머! 일요일인데 왜 나오셨어요오~'가 아니었던지라, 내 인사는 마치 '일요일인데 뭐 하러 회사에 나왔냐'는 투로 들렸던 모양이다.

"청바지 입으셨네요."

역시나 하이톤으로 '청바지 너무 잘 어울려요. 자주 좀 입고 다니세요오~'가 아니었던지라, 내 칭찬은 '청바지는 도대체 왜 입은 거야'로 받아들여진 듯하다.

하는 나도, 듣는 사람들도 어색하기 짝이 없었던 나의 인사와 칭찬은 순식간에 분위기를 싸하게 얼려놓고 말았다. 싹싹하게 인사하고 싶은 겉마음과 그 사람을 별로 좋아하지 않는 속마음의 충돌. 그렇다 보니 안 하니만 못한 어정쩡한 말이 흘러나온 것이다.

이런 경우도 있었다. 새로 산 '신상' 킬힐을 처음 신고 출근한 날, 회의실로 바삐 걸어가고 있는 내 뒤에서 팀장님이 기분 좋은 칭찬을 해주셨다.

"어머, 진희야! 너 다리가 굉장히 곧고 예쁘다."

"에이, 그래봤자 짧은데요, 뭘. 다리는 일단 길고 볼 일이에요."

"아냐, 얘! 그래도 쭉 뻗은 다리가 은근히 많지 않아."

분주히 부연설명까지 하시는 걸 보고 금세 죄송한 마음이 들었다. 예쁘다는데, 쭉 뻗었다는데 '아하하, 고맙습니다!' 하면 될 것을, 장점을 찾아 칭찬하는 사람 앞에서 굳이 단점을 꺼내놓으면서 기껏 칭찬해준 사람을 무안하게 만들 건 뭐람?

이런 건 딱히 겸손도 아니고, 그냥 촌스러운 자기비하밖에 안 된다. 심리학적인 관점에서 보면, 무조건 자신을 솔직히 낮추고 들어가는 건 겸손이 아니라 자존감의 부족이다. 자존감이 강한 사람은 누군가 나의 장점에 대해 말한다고 해서 지나치게 들뜨거나 기뻐하지 않고, 내 약점을 지적한다고 해서 파르르 떨며 상처받지 않는다. 나의 잘난 점과 못난 점을 모두 포용할 수 있는 상태이기 때문에 불안하지 않고 당당하다. 듣기 좋은 칭찬 앞에서 굳이 내 단점을 부각시킨 나의 솔직함은 단단한 자존감에서 나온 게 아니라 쿨해 보이고 싶은 허약한 허세에서 나온 것이다.

내 주위에도 솔직해서 손해를 보는 이가 꽤 있다. 일주일에 세 번 점심시간에 사내 어학강좌로 스페인어 수업을 들었는데, 나보다 한 살 어린 스페인어 선생님은(이제 웬만한 선생님들은 다 나보다 어리다) 어렸을 때 가족이 아르헨티나로 이민을 떠난 교포 출신이다. 그녀는 수업중에 자신의 사적인 이야기도 곁들여가면서 재미있게 가르친다. 예를 들면 이런 식이다.

"제가 그저께 이사를 했는데요. 이삿짐 풀고 너무 피곤해서 오늘 화장도 못하고 왔어요. 죄송해요. 아까 거울 봤더니 절대 안 피곤해 보이고 늙어 보이는 거 있죠. 맨얼굴이 그냥 빼도박도 못하는 서른네 살! 하하…… 참, 지난 시간에 우리 숫자 배웠죠? 서른넷은 뭐? 맞아요, 뜨레인떼 이 꽈뜨로."

이렇게 솔직한 그녀와 이제 사제지간이 아니라 친구 사이로 발전했는데, 어느 날 그녀가 억울하다는 듯 이런 이야기를 쏟아놓았다.

"언니, 나 이제 S사에서는 강의 못하게 됐어."

"엉? 그게 무슨 소리야?"

그녀는 몇 년 전 국내 모대학에 입학한 후 학비를 버느라 2년가량 휴학생 신분 강사로 일했는데, 드디어 내년 3월 다시 복학할 수 있게 됐다고 우리 회사 수업시간에도 자랑한 적이 있다. 아무래도 그게 문제가 된 모양이었다. 이력서에도 졸업이 아닌 휴학중이라고 분명히 썼고, 3개월 코스의 강의를 이미 훌륭하게 다 끝낸 상태인데, 그녀의 학생 중 한 명이었던 S사의 여자 과장이 "대학 졸업장도 없는 강사가 어떻게 우리 회사 같은 굴지의 기업에서 강의를 할 수 있었느냐?"며 스페인어강사 파견업체에 클레임을 제기했다는 것이었다.

이 이야기를 듣고 나서 나는 "그러니까 너도 이제 좀 그만 솔직하게 굴어. 재미없게 수업하란 소리가 아니라, 좀 가려가면서 솔직하라고!" 그녀의 등을 탕탕 때리며 호통을 쳤다. 내 앞가림도 제대로 못하는 주제에…….

"사람과 사람 사이의 관계에서 솔직함만이 최선이라고 생각하는 것처럼 어리석은 일은 없다. 솔직함은 때로 흉기로 변해 자신에게로 되돌아오는 부메랑일 수도 있는 것"이라는, 양귀자의 소설 《모순》의 한 구절을 빌려오지 않아도, 솔직함에는 손해가 뒤따른다는 걸 우리는 안다.

손해냐 아니냐를 따지는 것 자체가 무의미한 가족이나 친구, 연인 관계에서 솔직함은 분명 반짝반짝 빛을 발할 것이다. 하지만 사회생활에서의 솔직함은 다르다. 그것은 절대 칭송받는 덕목이 아니다. 고생길이 뻔히 예상되는 프로젝트를 우리 팀이 맡게 됐을 때, 하기 싫은 티 팍팍 내는 솔직함보다는 터져나오는 한숨을 속으로 삼키고 억지웃음이라도 지으며 프로젝트에 달려드는 덤덤함이 더 높이 평가되는 곳이 직장이기 때문이다.

당신이 솔직한 인간이라면, 그렇지 않은 인간보다 인생을 행복하게 살 여지가 많다. 하지만 사회생활에서도 솔직한 인간이라면, 그렇지 않은 인간보다 많은 오해와 불이익을 당하게 될 확률이 높다. 아부나 정치도 타고난 사람들이나 하는 것이다. 세련된 아부나 티 안 나는 정치를 구사할 줄 아는 지략가들, 또는 촌스럽고 티날지언정 그로 인해 자신이 우스워지는 것까지 다 감당할 수 있는 사람들에게나 가능한 일이다. 나처럼 노련하지 못한 사람이 어쩌다 아부를 시도해봤자, 아부를 당하는 사람조차 그 부자연스러움에 불편해한다.

"사랑만 꺼내두고 다른 건 다 넣어둔다"는 신혼부부용 수납가구 브랜드의 카피를 쓴 적이 있다. 출근하면 당신의 솔직함은 서랍에 잘 넣고 퇴근할 때까지 야무지게 꼭 닫아두어라. 살바도르 달리의 작품 중에 〈속옷이 삐죽 나온 서랍이 달린 여자〉라는 그림이 있다. 그 여자, 설령 그 속옷이 최고급 실크 소재에 디자이너 브랜드의 리미티드 에디션이라 한들, 열리지 말아야 할 상황에서 삐죽 열린 서랍 때문에 무척이나 안쓰러워 보인다.

나는 바랐다…

필요한 만큼만 솔직해지는 법

"여우 같은 마누라와는 살아도 곰 같은 마누라랑은 못 산다"는 속담이 있다. 이것은 비단 마누라에게만 해당되는 이야기가 아니다. 곰의 우직함도 좋지만 여우의 센스가 절대적으로 필요하다. 인사치레 같은 칭찬은 절대로 인사치레로 보이지 않게 할 필요가 있고, 나의 부족함이 드러날 땐 가능한 겸손으로 보이게 포장할 필요가 있다. 칭찬도 겸손도 입 밖으로 꺼내기 전에 한 번만 튜닝을 하자. 칭찬의 기술과 겸손의 노하우가 우리를 먹여살린다.

여자   당신, 다른 집 아이 혼낸 적 있어?
남자   왜 혼냈어?
여자   나쁜 일을 했으니까.
남자   혼내주는 사람이 있다는 건 나쁘지 않지.
자막   아이는 부딪히면서 자란다.
남자 내레이션   UR 임대주택!
여자 내레이션   UR!

_ 일본 UR 임대주택 라디오광고 카피

가까운 곳에서 멘토를 찾아라

누구나 욕보다는 사랑을 먹고 싶고, 비난보다는 칭찬에 춤을 추게 된다. 하지만 세상살이가 어디 그렇게 호락호락하던가. 사랑해주는 사람만큼 욕하고 혼내는 이도 많고, 칭찬해주는 사람만큼 비난하고 다그치는 이도 많다.

나도 혼내는 사람 때문에 매일매일이 괴로웠던 시절이 있었다. 엄마의 잔소리는 평생 기본 옵션이니 그렇다 치고, 입사 후 한동안 출근하면 혼나는 게 일과였다.

"진희야, 머리 빗고 나면 발밑에 머리카락 좀 주워!" 엄마의 잔소리는 잘디잘아서 잘못된 부분을 딱 꼬집어 짚어주니 차라리 듣기 편했다. 그런데 나의 첫 번째 선임 카피라이터는 내가 쓴 카피를 보여주면 밑도 끝도 없이 이렇게 말하곤 했다. "다시 써!" "이건 카피도 아니야!" "그 생각의 틀을 좀 깨봐!" "다시!" "아니야!" "100개만 더 써봐!" "고민을 덜 했잖아!" "이건 못 나가!" 세상에, 나는 '다시 써!'의 동의어가 이렇게 많은 줄 미처 몰랐다. 차라리 종이가 찢어지도록 빨간 줄을 쫙쫙 긋고 ×표를 빽빽이 채우면서 어디가 어떻게 잘못되었는지 알려주었으면 싶었다.

우주에 혼자 덜렁 남겨져 '난 누군가, 여긴 어딘가' 두리번거리는 심정이었다. 뭘 어떻게 써야 할지 감도 못 잡은 채 다시 써봤자, 이미 퇴짜맞은 카피들에 점 하나 찍고 줄 하나 더 그은 정도의, 엇비슷하게 후진 카피들만 보태질 뿐이었다. 그리고 또다시 들어야 했다. "다시 써!" "다시 써!" "다시 써!"

이 모든 과정이 성질 급한 나에게는 차라리 사형이 낫겠다 싶은 종신형과도 같았다. 답답하고 서러워서 남몰래 숨어 잉잉 울고, 울고 나서 다시 쓰고, 역시나 잘 안 써지고, 다시 잉잉 울고, 눈은 붓고 얼굴은 물고기처럼 팅팅 불어서는 쓰고, 또 다시 쓰고……

그러다가 회의시간에 각자 준비한 아이디어를 차례차례 꺼내놓는 순간, 선임이 직접 써온 카피를 탁 내놓으면 막힌 속이 뻥 뚫리는 듯 시원했다.

"와아, 너무 못됐어. 저렇게 한 방에 싹 해결할 카피를 감추고 있으면서 나한테 왜 굳이 골백번을 다시 쓰라 그런 거야? 내가 그렇게 밉나? 사람 괴롭히는 거 좋아하는 가학성향 아냐, 혹시?"

10년 전 그렇게 울고 짜며 카피를 쓰던 내가 이제 후배들과 한 팀에서 일한다. 나는 그들에게 쉬이 "다시 써!" 소리를 하지 못한다. 회의테이블에 그들이 각자 써온 카피를 올려놓으면 그 자리에서 바로 수정하고 정리하는 선에서 마무리짓는 경우가 많다.

일은 많고 시간은 없으니까, 게다가 내가 과연 그들에게 퇴짜를 놓을 정도로 카피를 잘 쓰나 의구심이 들기도 하니까…… 이런저런 이유야 얼마든지 갖다붙일 수 있지만, 가만히 들여다보면 나는 '혼내줄' 힘이 없다. 일이 바쁘고 피곤해서 혼내줄 시간이 없고, "다시 써!"라고 해서 돌려보내놓고 다시 써올 때까지 기다려주고 다시 써온 걸 몇 번이고 반복해서 봐줄 힘이 없다. 힘이 없다기보다는 굳이 힘을 내기 싫다는 표현이 더 맞을지도 모르겠다.

내가 혼이 나는 입장일 때는 몰랐다. 혼을 내도 되는 입장이 되고 보니, 혼낸다는 행위가 얼마나 마음을 많이 내줘야 할 수 있는 일인지 조금은 알 것 같다.

두 번째로 함께 일하게 된 선임 카피라이터는 유독 내 장점을 크게 부풀려서 봐주는 분이었다. 엉뚱한 생각을 기발한 것으로, 자신감 없는 마음을 심성이 여린 것으로, 철없는 태도를 자유로운 것으로 봐주셨다. 하지만 그러면서도 엉뚱하고 자신감 없고 철없는 나를 줄창 혼내주는 것도 잊지 않으셨다.

그 선배님과 1년여 같이 일하다가, 더 큰 회사로 옮기고 싶은 욕심에 몰래 면접을 보고 온 날이었다. 선배님은 뻔히 다 짐작하고 있으면서도 내가 말씀드릴 때까지 어떤 기색도 하지 않으셨다. 회사를 옮기겠다고 어렵게 입을 뗐을 때 "넌 지금 아무것도 할 줄 아는 게 없어. 내 밑에 좀더 있어!" 가차없이 혼내셨다.

며칠 고민한 끝에 "그래도 옮기고 싶어요, 죄송합니다!" 말씀드렸을 때는 또 가차없이 나를 울리셨다. 노란 봉투를 던지듯 날려주셨는데, 그 안에는 깨끗하고 빳빳한 달러지폐 몇 장이 들어 있었다. 새 회사로 출근하기 전에 어디 여행이라도 다녀오라는 속 깊은 배려였다. "순발력 있고 톡톡 튀는 것도 무기다. 하지만 그걸로 반짝하고 사라져버리는 하이틴스타가 아니라, 시간이 지날수록 진가가 드러나는 연기파 여배우 같은 사람이 되었으면 좋겠다"는 편지와 함께.

그후로도 내 인생의 중요한 결정에 맞닥뜨릴 때마다 선배님을 찾아갔다. 주로 고민 있을 때만 찾아뵙고 징징거리는 게 패턴이 된 것이 죄스러워 연락도 못 드리고 있을 때면, 어떻게 아셨는지 먼저 연락을 주시기도 한다.

광고대행사에만 있다가 카피 쓰는 것이 너무 고행 같아서, 조금은 편할 수 있겠다 싶은 광고주 회사로 잠깐 옮긴 적이 있다. 재고정리, 영업사원 관리, 단가 책정 등 한 번도 해보지 않은 일들을 하려니 하는 것마다 실수연발인 경력 7년차를 딱 붙들고 가르쳐주는 사람은 하나도 없었다. 하루하루 바보놀이를 하는 듯 끔찍한 나날이었다.

그 즈음 나는 남자친구와도 헤어졌다. 커리어도 연애사도 엿가락처럼 꼬여 인생 전체가 바닥으로 찐득찐득 들러붙고 있던 어느 여름 오후 선배님을 만났다. 얼굴 잠깐 보고도 선배님은 그냥 다 간파하셨다. 별다른 이야기도 안 했건만 "얼굴이 너무 안 좋다. 왜 그렇게 힘들게 사니?" 하신다.

사실 10년이 지났어도 여전히 뻔질나게 좌충우돌하는 불안불안한 후배, 그런 후배를 10년이 넘도록 계속 걱정하는 것도 쉬운 일은 아닐 텐데, 장르를 넘나들며 혼내주신다. "어떡하니? 넌 아직까지 필력이 딸려." "지금 네 연봉에 새 차 같은 소리 하고 있다." "이번 회사는 정말 마지막이다, 뼈 묻는다 생각하고 무조건 붙어 있어!" "얘가얘가, 아직도 남자 보는 눈이 이렇게 없다니, 어휴!" 그러고는 출간된 지 하루이틀밖에 안 된 책들을 꼭 손에 들려주신다. "책이라도 자꾸 읽어야 카피 잘 쓸 거 아냐." 역시 잽 한 번 더 날려주면서.

또래 친구들끼리 모이면 이런 이야기를 한다. "나도 이제 나이가 들어서 그런가 봐. 누가 이래라저래라 하는 소리가 그렇게 듣기 싫더라." "말하는 사람이 나보다 나이가 많든 적든, 아주 부드럽게 '이런 건 고치면 좋겠다'고 얘기해도, 나한테 뭐라 그러는 거 같아서 그냥 무조건 듣기 싫어!"

나는 바랐다…

정말이지 듣기 싫은 소리는 듣기 싫다. 이 나이쯤 되면 스스로도 제 단점쯤은 파악하고 있는데, 다 알면서도 안 고쳐지는 건데, 그걸 굳이 남의 입으로 한 번 더 듣기는 정말이지 싫다. 하지만 그래도 여전히 혼내줄 사람이 있다는 건 분명 좋은 일이다.

후배들에게 독한 충고를 아끼지 않는 배우 윤여정은 모 일간지와의 인터뷰에서 더 이상 후배들에게 충고를 하지 않기로 했다고 말했다. "이젠 안 해요. 내가 후배한테 '너 거기 좀 이상하더라' 그러면 인품 있는 좋은 충고인데 당사자는 그냥 넘겨버려요. 하지만 '너, 너무 싸구려 같아 보여'라고 하면 피비린내 나는 충고라 바로 알아듣죠. 그런데 내가 그렇게 몇 번 하다 보니까 여러 이야기를 듣게 되고…… 내가 무슨 레슨비를 받는 것도 아니고, 내 인격을 위해서도 이젠 안 해요."

내 선배가 지치고 지쳐 더 이상 날 혼내지 않겠다고 선언하면, 나는 너무 서운해 눈물이 날 것 같다. 끈 떨어진 연이 따로 없다.

나의 멘토는 데이비드 오길비David Ogilvy도 레오 버넷Leo Burnett도 아니다. 어쭙잖은 실력으로 카피라이터 해보겠다고 기웃거리던 나를 그래도 지금까지 이 길에 서 있게 만들어준, 철없던 내가 술자리에서 엄청 씹기도 했던 나의 선배들이다.

어느 잡지에선가 멘토는 주변에서 찾으라는 충고를 본 적이 있다. 주옥같은 말들로 아픈 청춘들을 보듬어주는 만인의 멘토보다, 스타일리시하고 똑부러지게 일하는 영화 속 주인공보다 나와 같은 업계, 같은 직장에서, 운이 좋다면 같은 팀에서 함께 부대끼는 선배를 멘토로 삼는 게 더 좋다는 것이다. 다이어트를 할 때도 몇 달 만에 15킬로그램 이상 쏙 빠져 돌아온 옥주현보다, 두부 먹고 줄넘기해서 한 달에 3킬로그램 뺀 친구를 롤모델로 삼는 것이 더 효과적이라는 이야기였다.

가급적 가까이에서 자주 쳐다보며 배울 수 있는 멘토를 찾으면 좋고, 그가 버벅거리는 당신에게 기꺼이 손을 내밀어 비저닝visioning 까지 해준다면 당신은 정말 행운아다.

가령, 내가 수전 손태그Susan Sontag를 멘토로 삼았다고 가정해보자. 내 사정을 알 리 없는 그녀는 내 커리어나 인생의 고민에 대해 말한 마디 해줄 수가 없다(심지어 수년 전 이미 작고하셨다). 하지만 가까운 곳에서 나를 지켜봐온 선배는 다르다. 나를 잘 모르는 사람은 절대 해줄 수 없는 진심어린 충고부터, 내 주변 사람이라면 누구나 느끼는 자잘한 지적까지 다 해줄 수 있는 사람이 현실 속 리얼 멘토다.

똑같은 충고라도 내가 깊이 신뢰하고 존경하는 사람이 해줄 때, 그것은 내 행동과 애티튜드를 바꾸는 모티브가 된다. 혼나는 걸 두려워하지 말자. 혼내줄 사람도 없다는 게 더 두려운 일이다.

멘 토 구 하 는 법

소설가 신경숙은 소설 《난장이가 쏘아올린 작은 공》을 100번쯤 베껴썼다고 한다. 조세희의 소설작법을 직접 배우지 못하니, 그렇게 함으로써 작가 수업을 대신한 것이다. 멘토는 그렇게 책 한 권이 될 수도 있다. 직접 만나 이야기 나눌 수 있는 사람이든, 베껴쓸 책 한 권이든, 내가 늘 답을 구하고 얻을 수 있는 가까이에 두어야 한다. 그런 나만의 멘토는 지름길을 찾아주지는 못할지라도 최소한 엉뚱한 길에서 헤매다가 완전히 길을 잃게 놔두지는 않는다.

쉬지 않으면 쉽게 된다.

— 일본 라쿠텐 인쇄광고 카피

쉬는 법을 모르면 계속 쉬게 된다

"있잖아요, 선배. 평생 이런 적 처음이에요. 놀지도 못하겠어요. 피곤해서요. 딴 이유도 아니고 피곤해서요!"

점심식사 후 세면대에서 양치질하다 만난 후배가 하소연을 한다. 그녀의 나이 스물여덟. 두통과 어깨결림, 면역력 결핍으로 인한 각종 감염과 질병, 비만, 무기력증, 우울증 등 이 세상 거의 모든 증상을 동반한다고 보는 편이 더 적절한 직장인들의 만성피로증후군을 앓고 있다. 이 병의 처방전은 뻔하다. 적당한 운동과 충분한 휴식, 쉽게 스트레스 받지 않는 생활태도 유지……

회사를 한 달 다녔든 한오백년 다녔든, 신입사원이든 임원이든 상관없이 직장인들에게 회사라는 곳이 건강에 좋은 환경일 리가 없다. 여름엔 에어컨, 겨울엔 히터 때문에 공기는 늘 건조하고, 책상과

의자 역시 내 체형보다는 성인남자 평균 신체 사이즈에 맞춰져 있고, 여기저기 바닥에 깔린 카펫은 알레르기성 비염을 유발한다. 가습기를 가져다놓거나 틈틈이 스트레칭을 하고 손을 자주 씻는 등 내 몸을 지키려는 노력이야 왜 안 하겠는가마는, 안 받겠다고 작심하고 있어도 어쩔 수 없이 받게 되는 스트레스, 그게 바로 문제다.

서로를 끔찍이 아끼고 호흡도 척척 맞는 관계가 아니라, 어쩌다 만난 사람들이 서로 부대끼며 일하는 곳이다 보니, 그 어떤 집단보다 스트레스의 강도가 높은 것은 당연하다. 하지만 이제 그 스트레스가 내 어깨에 돌덩이를 올려놓고, 내 몸속 장기들을 세균에 취약하게 만들고, 내 영혼을 짓뭉개고 있으니 스트레스라는 놈에게 무슨 수를 쓰긴 써야겠다.

"모든 건 마음에서 비롯된다. 마음 편히 가져라." 좋은 말 같지만 나에게는 먹히지 않는다. 하물며 그 마음이란 것이 어떻게 하면 편하게 가져지는지 도통 모르겠다. 그 마음 먹기 위해 애쓰는 것도 스트레스다.

3년 전까지 나는 스스로 스트레스 푸는 데 천부적인 재능이 있는 사람인 줄 알았다. 나는 부지런히 쉬었다. 일이 밤 11시에 끝나도, 새벽 2시에 끝나도 놀아야 했다. 오로지 일로만 꽉 채워지는 하루는 말도 안 된다고 믿는 부류였기에, 그 야심한 시각에도 친구들 불러내

수다를 떨거나 술 한잔 하거나 클럽에 가거나 심야영화를 보면서 스트레스를 풀어야 직성이 풀리곤 했다. 당시 팀장님이 "노 대리 인생관은 '내일은 없다'야!"라며 비꼴 정도였지만, 다음 날 아침이면 또 쌩쌩하게 출근해서 일했기 때문에, 나는 평생 그렇게 직장생활을 할 수 있을 줄 알았다.

주말에도 사정은 다르지 않았다. "진희야! 주말인데 집에 있지, 어딜 또 싸돌아다니려고 나가니? 감기기운도 있으면서!" 못마땅해하는 엄마의 만류에도 불구하고, 주말만 되면 필사적으로 밖으로 나갔다. 남자친구가 있을 때는 데이트를 했고, 없을 땐 혼자서라도 개봉영화를 두세 편씩 몰아보거나 서점에서 책을 읽거나 아이쇼핑과 충동구매를 넘나드는 쇼핑을 즐겼다. 그렇게 밖에서 혼자 놀고 있다가 "진희야, 뭐 하~니?" 친구의 전화가 걸려오면 "나와 있다~"라며 접선해 함께 쏘다니면서 시간을 보내는 것이 나의 주말 일과였다. 약속이 있어서 외출을 하는 게 아니라, 약속이 없어도 외출해서 약속을 만드는 타입이었던 것이다.

3년 전 겨울, 역시나 잘 쉬어보겠다고 친구들과 함께 떠난 겨울여행에서 나는 40도의 고열과 온몸이 벌벌 떨리는 저체온증을 오락가락하는 이상한 증상을 보이다가 급기야 병원 응급실로 후송됐다. 누적된 스트레스로 인한 면역력 결핍이 신장염으로 발전했다는 의사의 소견을 들었다. 피로가 쌓여 간수치도 높고 철분 부족, 영양실조,

나는 바랐다…

폐렴 증세까지 겹친 상황이었다.

크리스마스와 연말연시를 포함해 3주를 꼬박 몸져누워, 차지게 떡진 머리와 기하학적인 타이포그래피 패턴이 돋보이는(?) 환자복 차림으로 서른두 살을 맞았다. 그때 나는 내가 휴식이라고 생각했던 것들이 나에게서 쉴 틈조차 빼앗아간 혹사였음을 깨달았다. 멈추고 싶을 때 멈추고 쉬고 싶을 때 쉬는 것이 휴식능력이라는데, 나는 그것조차 부족한 직장인이었다.

《휴식능력 마냐나》라는 책을 뒤적이다 이런 질문과 맞닥뜨렸다. '일과 생활의 균형을 위해 잠자는 시간을 줄이는가?' 나는 뜨끔했다. 잠이야말로 피로 해소를 위한 기본 중의 기본이다. 그런데 일과 생활의 균형을 위해 잠잘 시간을 쪼개 '쉬다가' 입원까지 한 나도 그렇고 내 주변 친구들을 봐도, 우리는 확실히 피곤한 쉼에 길들어 있다. 잠들기 직전까지 TV를 켜둔다거나, 다운받아놓은 '미드'나 '일드'를 본다든가, 이불을 덮고도 스마트폰으로 SNS 댓글을 체크하며 두 눈이 편안히 감기게 놔두질 않는다. 스티브 잡스는 내 '쉼'을 방해하는 원흉이 되어버렸다.

《휴식능력 마냐나》에 이런 에피소드가 나온다. 어떤 사람이 충만한 삶을 살고 있는 선승에게 그 비결을 물었다. 선승이 대답했다. "나는 설 때는 서 있다. 나는 앉을 때는 앉아 있다. 나는 먹을 때는 먹고 있다."

자려고 잠자리에 들었으면 잠을 자자. TV나 책, 노트북, 스마트 폰과 함께 잠자리에 들지 말자. 이런 룰을 세우고 단 사흘 지켰을 뿐 인데 피로감이 몸으로 느껴질 만큼 확 줄었다. '그날의 피로는 그날 풀자'라는 유명한 카피도 있지만, 그 말에 가장 잘 들어맞는 해결책 은 그 어떤 피로회복제도 아니고 매일 밤 가질 수 있는 '잠'이다.

내가 회사를 잠깐 쉴 때 엄마가 그랬다. "난 너 회사 안 다닐 때 가 좋더라. 출근 안 하면 너 되게 착해!" 업무량이 많아서 혹은 야근 이 잦아서 쌓이는 물리적인 피로 외에도, 일반적으로 여자들은 직 장 내 인간관계에 민감하게 올인하는 탓에 에너지를 쉬이 방전시키 고 만다. 오히려 '둔감함'의 자질을 타고난 사람들이 상대적으로 스트 레스를 덜 받고 직장에서도 길게 살아남는 경우를 숱하게 봐왔다. 예 민하게 신경쓰고 쉽게 상처받는 것보다 둔감하게 무시하고 얼마쯤 뻔 뻔스러운 것이 훨씬 득이 된다.

나 역시 쾌활하고 원만한 성격인 줄 착각하고 있었는데 직장생 활을 하면 할수록 예민한 모습을 발견하고는 놀라고 실망한다. 입사 하기 전에는 사실 좋은 사람들만 사귀었다. 불편한 사람은 안 봐도 그만이고, 만나게 되더라도 매일매일 여덟 시간 이상 같이 부대낄 일 은 없었기 때문에 내 예민한 구석을 발견할 기회도 없었다.

2년 전, 월급을 몇 달째 못 받으면서도 꼭 성사시키고 싶은 프로젝트가 있어서 아등바등하고 있을 때, 미술치료사로 일하는 친구가 "너, 얼굴에 '스트레스 만땅'이라고 써 있어. 이거라도 주물러봐"라며 매직클레이를 선물했다. 손에 묻어나지 않는 찰흙인데, 실제로 미술치료에 쓰이는 재료라고 했다.

스트레스라는 게 의외로 단순한 구석이 있어서, 잠깐이라도 공격적인 행동으로 표출하면 그냥 스쳐지나가는 경우도 꽤 많다고 한다. 그렇다고 앞에 앉은 사람한테 욕설을 퍼붓거나 펜을 집어던지는 등 폭력을 쓰는 식으로 표출해서는 안 되니, 안전하고 뒤탈 없는 매직클레이 주무르기나 종이 찢기 같은 분출 행위를 해보라고 권한 것이다.

도무지 결론이 나지 않을 것 같은 회의를 끝내고 알 수 없는 답답함과 분노가 치밀어오를 때 자리로 돌아와 찰흙을 꾹꾹 주무르거나 종이를 쫙쫙 찢어봤다. 이렇게 지극히 단순한 행위만으로도 마음이 한결 시원하고 차분해졌다. 너무나 간단한 처방으로 뜻밖의 효과를 경험하고 나자 '스트레스, 별것도 아닌 게 까불고 있었어!' 하는 생각마저 들었다.

얼마 전 옆 팀 여자 부장님이 아파서 결근을 했다. "아니, 정 부장은 왜 또 병가야? 병 안 나는 것도 자기관리라는 거 몰라?" 그 팀 국장님의 폭풍 같은 분노에 파티션 너머의 내가 괜히 움찔했다. 다음에 언제 피로회복제 광고 맡게 되면 써먹어야지 하는 생각으로 카피연습장에 몰래 적어본다. '여자의 적은 여자가 아니다. 여자의 적은 피로다!'

네일케어도 스킨케어도 다 좋지만, 피로케어가 절실하다. 피로케어를 위해서는 무엇보다 연차를 하루씩하루씩 곶감 빼먹듯 찔끔찔끔 써버리지 말아야 한다. 정작 쉬어야 할 때 쉬지 못하고, 아픈 것도 서러운데 갖은 눈치 봐가며 병가를 내거나 결근을 할 상황이 언제 닥칠지 모르니 말이다.

쉴 때는 제대로 계획적으로 쉬어야 한다. 매년 초 그해의 성대한 목표를 세울 때 휴식계획도 끼워넣자. 회사가 리프레시 휴가를 주지 않으면 내 연차의 일부를 할애해서 쉬기 위해 쉬자. 쉬지 않으면 계속 쉬게 될지도 모르니까.

회사를 더 잘 다니기 위해서도 그렇고, 다니다가 때려치우기 위해서도 피곤해지지 않는 것이 중요하다. "피곤은 우리 모두를 바보로 만든다"는 빈스 롬바르디Vince Lombardi의 말처럼, 나이가 들어서 못할 일은 없지만 피곤하면 못하게 되는 중요한 일들이, 재미있는 일들이, 신나는 일들이 너무나 많다.

잘 쉬 는 법

"마티스의 파랑. 얽히고설킨 인간사와 번잡한 세상사를 뚫고 불어오는 한
줄기 산들바람처럼, 보는 이의 숨통을 틔워주는 휴식의 빛깔. 그 산뜻한 색
채에 풍덩 빠졌다가 나오면 업무에 시달리느라 말라서 버석대는 심장도,
덕지덕지 때가 낀 뇌수도 쾌청한 푸른색으로 흠뻑 물들어 있겠지."《그림이
그녀에게》라는 책의 한 구절이다.

각자 프랑스 여행을 다녀온 두 친구. 한 명은 루이뷔통을 우리나라 백화점
보다 얼마 싸게 샀는지 열을 올리며 이야기했다. 다른 친구는 드골공항에
도착하자마자 바로 니스로 달려 마티스미술관에 다녀왔다고 했다. 마티스
가 직접 그려넣었다는 어느 작은 교회의 스테인드글라스 이야기를 하면서
는 입가에서 미소가 떠나지 않았다. 마티스의 파랑을 온몸에 묻혀온 친구
는 예술적으로 흠뻑 재충전되었을 것이다.

누구나 마티스미술관에 가기는 어렵지만, 그림책으로 보는 것은 누구나 할
수 있다. 피곤에 지쳐 잠자리에 들기 전 그림책을 펴는 습관을 들여보자.
마티스와 세잔과 고흐와 마그리트가 불러주는 자장가가 궁금하지 않은가.

4

나는 속았다…

항상 웃고 행복한 사람은
원래부터 운이 좋은
사람인 줄 알았다.
이제 알겠다.
매일 행복할 준비를 하는 사람이
평생 운 좋은 사람이
될 수 있다는 것을.

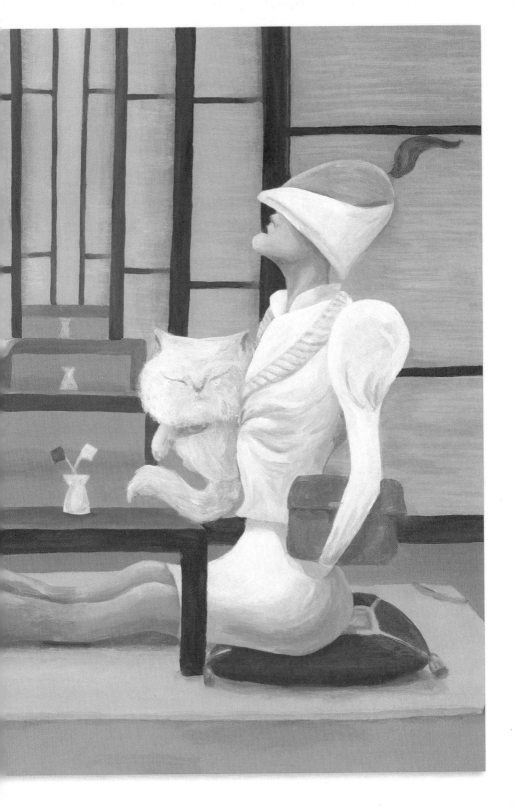

매일 보고 있는데도
정말로 질리지 않습니다.
이런 사람 달리 없습니다.

— 일본 글리코유업 인쇄광고 카피

엄마는 정답은 몰라도
틀린 답이 뭔지는 안다

"너 만날 머리 양갈래로 땋아달라고 졸라서 땋아주면 금세 뛰쳐나가 옆집 지현이랑 '내가 삐삐다!' '내가 삐삐다!' 서로 우겼댔잖니. 아휴, 못난이들! 지들이 삐삐는 무슨 삐삐, 하하하! 넌 주근깨도 찍어달라고 그랬어." 삐삐? 내가 좋아하는 양갈래머리는 빨강머리 앤밖에 없어. 근데 내가 무슨 삐삐타령을 했다는 거지?

"또 머리 안 감고 출근해? 너 어릴 땐 엄마가 아침저녁으로 하도 씻겨서 사람들이 '그러다 애 닳겠다'고 그랬는데⋯⋯." 아, 엄마가 날 그렇게 너무 씻겨서 그 트라우마 때문에 내가 잘 안 씻는 거구나.

"넌 어렸을 때부터 그런 맛 좋아했어. 아빠가 출근한다 그러면 얼마나 생떼를 부리고 대차게 울어대던지, 결국 '으아앙' 하는 고 입속에다 '보르르' 쏙 넣어주면 그제야 울음을 그쳤어. 울긴 울어야겠

207

고 보르르는 빨아먹어야겠고, 어리둥절 멍청한 얼굴로. 깔깔깔!" 아, 내가 이상하게 '츄렛'처럼 딸기맛 솔솔 나는 캐러멜에 끌리는 게 제법 오랜 역사를 갖고 있구나.

엄마는 어떻게 그걸 다 기억할까? 그 정도 기억력이면 법전 다 외워서 사시를 봤어도 한번에 붙었을 것 같다. 엄마에게나 나에게나 똑같이 그 모든 것은 30년도 더 된 일인데, 나에게는 손톱만큼의 기억도 남아 있지 않은데, 엄마는 엊그저께 일처럼 또박또박 기억하신다. 김애란의 소설 《두근두근 내 인생》을 보면 이런 구절이 나온다.

사람들은 왜 아이를 낳을까? 나는 그 찰나의 햇살이 내게서 급히 떠나가지 않도록 다급하게 자판을 두드렸다. '자기가 기억하지 못하는 생을 다시 살고 싶어서.' 그렇게 써놓고 보니 정말 그런 것 같았다. 누구도 본인의 어린 시절을 또렷하게 기억하지는 못하니까, 특히 서너 살 이전의 경험은 온전히 복원될 수 없는 거니까, 자식을 통해 그걸 보는 거다. 그 시간을 다시 겪는 거다. 아 내가 젖을 물었구나, 아 나는 이맘때 목을 가눴구나, 아 내가 저런 눈으로 엄마를 봤구나, 하고. 자기가 보지 못한 자기를 다시 보는 것. 부모가 됨으로써 한 번 더 자식이 되는 것. 사람들이 자식을 낳는 이유는 그 때문이지 않을까?

정답 같은 구절이다. 엄마는 자신에게 공백이었던 0~4세의 기억을 나의 아기 시절 모습을 보며 채우고, 나에게 백지로 남아 있는 0~4세의 기억은 엄마의 기억으로 백업된다. 단지 추억을 공유하는 수준을 넘어, 퍼즐조각 맞추듯 그 시절의 기억을 서로 완성시켜주는 것이다.

갑자기 엄마를 보고 싶은 마음이 풍선처럼 팽팽해져서 전화를 건다.

"엄마, 날씨도 추운데, 별일 없죠? 이번 주말엔 출근 안 해도 될 거 같으니까 집에 갈게."

평소와 달리 목소리도 한층 나긋나긋하게, 나는 일단 사랑한다고 말하기에 어색하지 않은 분위기를 만들어가기 시작한다.

"응, 그래. 잘됐구나. 뭐 먹고 싶은 거 없니? 갈비찜 해줄까, 곰국을 좀 해줄까?"

엄마의 반응도 따뜻하다. 돌연 나와 엄마는 같은 서울 하늘 아래 살고 있으면서도 서로를 세상에서 가장 그리워하는 애틋한 사이가 된다. 그런데 갑자기 엄마가 엉뚱한 말을 꺼낸다.

"민정이 결혼한다더라. 엄마는 축의금만 보내고 결혼식엔 안 가려고. 가봐야 괜히 그 집 딸은 아직 소식 없냐 물어보고 귀찮기만 하지, 뭐. 참, 너 다다음달엔 지금 살고 있는 그 방 빼야 될 텐데, 부동산에 미리 얘기는 해놨니? 남자친구하고 결혼 얘기는 하고 있니? 아니,

잘 만나고는 있는 거야? 엄마한테는 다 얘기해. 얘기해야 되는 거야. 아이고, 아무튼 전세계약 만료가 꼭 제일 추운 겨울이라 걱정이 이만 저만이 아니다……."

아, 분위기 좋았는데…… 아니나 다를까, 엄마의 걱정봇물이 터지고야 말았다. 뭐 하나 알아서 제대로 하는 것도 없는 주제에 엄마의 잔소리는 왜 그렇게 듣기 싫은지, 나는 끝내 엄마 속을 뒤집어놓고야 만다.

"엄마는 뭘 그렇게 오만가지가 다 걱정이야? 내가 다 알아서 한다니까. 엄마가 자꾸 그러니까 내가 전화걸기도 싫어지잖아."

"그래그래…… 그런데 청소는 잘하고 있니? 너 비염 있어서 먼지 쌓이면 안 되는데. 옷 자꾸 사모으면 집 지저분해지고 먼지도 많이 생기니까……."

다시 다른 각도에서 터지는 엄마의 걱정봇물. 나는 엄마의 말이 채 끝나기도 전에 건성으로 "알았어, 알았어. 엄마, 나 회의 들어가야 해" 기어코 없는 회의까지 만들어 전화를 끊는다. 사랑한다 말하려고 전화했다가, 회의한다 거짓말하고 전화를 끊은 것이다.

직장 상사의 아들 자랑, 딸 걱정은 30분도 넘게 들어주면서, 엄마와의 전화는 매번 그렇게 끊는다. 후배의 시안을 두고는 '과연 나는 이거 갖고 이래라저래라 얘기할 수 있을 만큼 실력이 있는 건가' 소심한 생각에 따끔한 충고조차 못하면서 엄마한테는 거침이 없다.

쓴 것만 알아
쓴 줄 모르는 어머니,
단 것만 익혀
단 줄 모르는 자식.

처음대로 한 몸으로 돌아가
서로 바꾸어
태어나면 어떠하리.

_ 김초혜, 〈어머니〉에서

만에 하나라도 이런 일이 벌어지면 큰일이다. 나는 그냥 엄마가 기억하지 못하는 엄마의 아기 시절 기억을 채워주는 그런 관계에 만족한다. '처음대로 한 몸으로 돌아가 서로 바꾸어 태어나는' 건 절대 있을 수 없고 또 결사반대다.

그렇게 전화를 끊고서도 엄마는 분명 또 걱정하고 계실 것이다. '아니, 지금 몇 신데 이 늦은 시간에 회의를 해. 저녁은 제대로 챙겨먹은 건가?' 엄마는 나의 걱정인형이다. '너는 아무것도 걱정하지 말고 살아라, 걱정은 엄마가 다 할게······.'

애초에 걱정거리를 만들어드리지 말든가, 당신이 이런저런 걱정하실 때 가만히 잘 듣고 훈훈하게 달래주는 살가운 딸이 되면 좋을

211

텐데, 그게 왜 그렇게 어려운지 모르겠다.

얼마 전부터 엄마가 부쩍 많이 하시는 말씀이 있다. "어렸을 때는 참 말도 잘 듣고 예뻤는데…… 엄마는 지금 네가 그때 반만 돼도 좋겠다."

그때마다 "엄마, 무슨 엄친딸하고 비교하는 것도 아니고…… 30년 전 나랑 지금의 나를 비교하는 게 어째 더 묘하게 기분 나빠!" 하며 받아친다. 하지만 하루종일 쳐다만 보고 있어도 예쁘기만 하던, 엄마 품에 한없이 파고들던 아기 시절 나를 그리워하는 엄마의 마음이 가끔은 헤아려진다.

매년 어버이날 카드에 꾹꾹 눌러쓴 '이담에 크면 효도할게요'라는 다짐은 이미 공수표였음이 판명났다. 커갈수록 효도는커녕 걱정거리만 안겨드리고 있으니 말이다. 처음 광고일을 하겠다고 선언할 때나, 멀쩡히 다니던 직장 때려치우고 미국에 가겠다고 통보할 때나 '엄마처럼 안 살 거야!'가 나의 구호였다. 하지만 내 얼굴에 점점 엄마의 모습이 드리워지면서, 걱정만큼 정이 많고 입바른 소리보다는 경우바른 행동이 몸에 밴 엄마처럼 살고 싶어진다.

두 살 때보다 네 살 때 더 밉고,

네 살 때보다 열여섯 살 때 더 말 안 듣고,

열여섯 살 때보다 서른다섯 살 때 더 속 썩이는

이 사람을 질리도록 사랑해주는 사람.

이런 사람 달리 없습니다.

엄마밖에는.

엄 마 걱 정 덜 어 드 리 는 법

내가 제대로 살고 있는지 아닌지는 내 엄마가 나를 얼마나 걱정하시는가, 그 크기를 보면 알 수 있다. 엄마 걱정 안 시키는 딸만 돼도 인생 성공이다. 세상 모든 엄마가 그렇듯이, 자식이 아무리 잘돼도 걱정 떨쳐버릴 날이야 없겠지만, 그래도 큰 걱정 안 시키기만 해도 제대로 살고 있는 것이다.

스마트폰은 다룰 줄 몰라도, 고두심이 한예슬보다 예쁜 줄 알아도, 엄마들은 딸들보다 훨씬 지혜롭다. 50~60년을 그저 밥만 해먹으며 흘려보낸 것은 아니기 때문이다. 그러니 작은 일 하나라도 먼저 의논드리자. 말 안 통한다고 지레 빗장 걸어 잠그지 말고, 큰 걱정거리 만들어드리기 전에 먼저 고해성사부터 하자. 그러면 큰 걱정은 덜어드릴 수 있다. 엄마들은 정답은 몰라도 뭐가 틀린 답인지는 아신다.

"그냥 곱게만 늙었으면······"
하고 말하는 내가 있다.
그리고
"내가 왜 늙어야 되는데?"
하고 말하는 진짜 내가 있다.

_ 미국 레브론 인쇄광고 카피

딱 스물다섯에 나이 먹기를 멈춰라

스물아홉 살의 예비광고인을 만났다. "나이가 너무 많아 고민이에요. 취업하기에 너무 늦은 나이라 자꾸 주눅이 들어요. 곧 서른이니……." 이런 말을 듣고 있으면 정말 속이 터진다. 남자가 대학 마치고 군대 갔다 오면 보통 그쯤 된다. 아직 서른도 안 됐는데 나이가 너무 많단다. 마흔쯤 되면 노인정 가서 장기 둘 판이다. 스스로 의기소침하려고 작정한 사람 같다.

나는 적어도 30대 중반은 되어야 잡지광고 한 쪽이라도 카피를 쓸 수 있다고 생각한다. 밥만 먹고 잠만 자고 숨만 쉬고 살아도 세월이 좀 들러붙어줘야 인생이라는 걸 알고 소비자의 욕구가 무엇인지 알아챌 수 있을 것 같다. 그런데 광고일을 시작하기도 전에 이미 자기가 늙었다고 생각하는 사람이 어떻게 반짝반짝 빛나는 아이디어를

215

내겠는가. 그런 사람이 만들어낼 광고안은 십중팔구 빛바랜 고정관념 투성이일 것이다.

그렇다고 30대 중반이 나이가 많다는 이야기도 아니다. 스물다섯부터 셈하면 딱 10년 더 살았다. 그만큼 경험의 폭이 조금 더 넓어져 있더라는 뜻이다.

머플러를 좋아하는 선배가 있다. 넥타이는 장례식에 가는 용도로 검은색 딱 하나만 가지고 있는 이 선배는, 머플러 두르는 걸 좋아해 한여름 빼고는 항상 목에 칭칭 감고 다닌다. 그는 여행을 가도 쇼핑센터에서 머플러부터 찾는다. 고상한 체크무늬 버버리부터 울긋불긋 반짝이까지, 가히 머플러 수집광이라고 해도 손색이 없을 만하다. 머플러를 도대체 얼마나 많이 가지고 있느냐고 물으면 얼굴에 자랑스러운 미소를 띠며 "200~300개쯤 되려나" 하고 말끝을 흐린다.

나는 그가 머플러를 더 이상 두르지 않게 될 때까지는 늙지 않을 거라고 생각한다. 무엇이 됐든 자신의 멋내기용 잇아이템을 갖고 있는 사람은 잘 늙지 않는 것 같다. 그가 칠순이 되어도 머플러를 두르고 있다면 그는 청춘일 것이다.

몇 년 전 '나이는 숫자에 불과하다'는 카피가 공전의 히트를 쳤다. 이 카피는 이후에도 꾸준히 우리의 생활 속으로 파고들어 이제는 하나의 관용표현으로 굳어졌다.

"어머 부장님, 20대 간지남들만 소화한다는 그레이 스키니진 입으셨네요?"

"하하하! 왜 이래, 정 대리! 나이는 숫자에 불과하잖아!"

카피인지 속담인지 헷갈릴 정도로 남녀노소 누구나 알뜰하게 사용하고 있는 이 힘있는 말의 탄생 이후, 실제로 나이에 대한 고정관념들이 많이 물러졌다. 20대 후반만 돼도 '노처녀' 소리를 듣던 바로 이전 세대와는 달리, 지금은 노처녀라는 말 자체가 촌스러운 사어쯤으로 치부되기도 한다.

이처럼 고정관념이 허물어지고 시대가 많이 달라졌어도 미혼의 30대에게 나이는 여전히 압박이다. '노처녀'라는 말이 '골드미스'로 대체되었지만, '골드'라는 수식어로 치켜세워줘봤자 결국 '돈 쓸 데라고는 자기 하나뿐인 그대들, 부지런히 많이 벌고 많이 쓰라'는 소비조장 이상의 의미는 없어 보인다. 애인 없고 나이 있는 여자에게는 하루라도 일찍, 다시 말해 더 값 떨어지기 전에 남자를 만나야 하지 않겠느냐는 질책 또는 격려가 쇄도하고, 애인 있고 나이 있는 여자에게는 결혼은 언제 할 거냐는 독촉이 쏟아진다.

스물다섯에 만났으면 3~4년쯤 연애하다 결혼해도 되지만, 서른다섯에 만났으면 일단 결혼부터 하라는 발상 자체가 너무 우악스럽고 폭력적인 것은 아닌지? 결혼은 두 사람만이 아니라 두 집안의 결합이라고들 한다. 하지만 나이 찬 이들의 결혼이 온 세상 사람들의 관심사가 되는 현실은 서른다섯 싱글녀가 당연히 감내해야 할 '나잇 값'이라고 하기에는 너무 무거워 보인다.

최경자 시인은 "살 수도 죽을 수도 없을 때 서른 살은 온다"고 노래했다. 하지만 돌아보면 비단 서른 살이 될 때만 그런 건 아니었다. 스물, 스물다섯, 서른하나, 서른둘, 서른셋, 서른넷, 서른다섯…… 갈등과 좌절과 혼돈의 시간은 언제든 있었다. 그러니 서른 살 되는 것을 마치 청춘을 통째로 땅바닥에 패대기치는 것처럼 절망할 필요도, 비장한 각오로 은장도 꼭 쥐고 맞닥뜨려야 할 인생의 거대한 장벽처럼 두려워할 이유도 없다.

서른 타령하는 소설도 시도 에세이도 나는 너무 싫다. 서른 이전에도 이후에도 내 나이들은 모두 내가 이러지도 저러지도 못하고 우왕좌왕하고 있을 때 왔다. 해가 바뀔 때마다 싫어도 받아먹게 되는 새로운 나이는, 나중에 정신을 차리고 보면 예의도 없이 쑥 쳐들어와 있었다. 너무 억울하다. 나는 아직 모험심 가득한 톰 소여인데, 왜 자꾸 서른맞이 각오를 단단히 하라고 야단법석들인가. 게다가 서른 잘 넘긴 선배들은 '내가 서른 때 이렇게 했더라면' 하는 식으로, 서른이 무슨 55에서 66사이즈로 넘어가는 보디라인의 경계선이라도 되는 것 마냥 호들갑이다.

드라마 〈여우야, 뭐 하니〉에서 고현정은 "나 스물세 살인데……

그냥 낮잠만 잔 건데…… 일어나니까 서른세 살인 거예요. 어디다 나이를 칠칠치 못하게 흘리고 다니나 몰라"라며 푸념한다. 서른을 넘기면서 우리는 모두 그녀처럼 '나이를 먹는다'기보다는 '나이한테 당한다'는 표현이 더 어울리는 삶을 그저 꾸역꾸역 살아내고 있는 것은 아닌지?

서른다섯 살인 나는 이제 이런 드라마 대사가 너무 유치하게 들린다. 서른셋이면 아직 소녀라고 생각한다. 그래서 "어머, 정말 동안이네요"라는 립서비스도 듣기 싫다. 내가 아직 아이인데, 아직도 공원에 산책 가면 벤치에 앉아서 낙엽을 구경하는 것보다 솜사탕 하나 사서 돌려가며 빨아먹는 게 더 재미있는데, 왜 동안이란 말에 환호해야 하는가.

남자든 여자든 물리적인 신체 나이는 물론 중요하다. 남자는 허벅지가 제일 팽팽한 나이가 스물다섯쯤이다. 지오다노 광고 포스터에 딱 어울리는 청바지 '간지'가 그 나이 때 나온다. 여자도 제일 탱탱한 나이가 스물다섯쯤이다. 이즈음엔 얼굴에 무슨 짓을 해도, 어떤 옷을 걸쳐도 어설프지 않다. 싸구려 액세서리든 다이아몬드 반지든, 기분 따라 날씨따라 뭘 걸어줘도 스타일이 산다. 그래서 스물다섯에 딱 멈추라는 것이다. 나이 더하기를.

우리 엄마는 〈풀하우스〉와 〈시크릿가든〉을 정말 좋아하셨다. 눈물 질질 짜는 아침드라마도, 거침없이 쏘아대는 김수현 드라마도 즐겨보지 않는다. 그저 잔잔한 순정만화 같은 드라마를 좋아하신다. 드라마를 보는 동안 엄마는 한지은이 되고 길라임이 된다. 딱 거기서 멈춰 있는 것이다. 아니, 엄마의 가슴속은 송혜교와 하지원에서 더 나이를 먹은 적이 하루도 없었던 것이다.

나는 계속 이대로 스물다섯 살이고 싶다. 10년 뒤에도 아이들과 달고나 아저씨 앞에 줄을 서고, 20년 뒤에는 아이들과 게임방 가서 놀고, 30년 뒤에는 우리 엄마처럼 2042년의 순정드라마를 애청할 것이다.

나이 들지 않는 법

요즘 제일 유행하는 만화만큼은 꼭 봐야 한다. 가장 핫한 아이돌의 본명 정도는 알아야 한다. 그리고 스티브 잡스를 알아야 한다. "여러분의 시간은 한정되어 있다. 그러니 다른 사람의 인생을 사느라 시간을 허비하지 마라. 다른 사람의 생각으로 만들어낸 규칙에 빠지지 마라." 그의 말처럼, 몇 살 엔 무엇이 준비되어 있어야 하고, 몇 살엔 어떤 모습이어야 한다는 이야기 는, 다른 사람들이 만든 나이라는 규칙에 맞게 그려진 그림일 뿐이다. 잡스 는 만 56세의 청년으로 세상을 떠났다. 아무도 그를 환갑을 바라보는 중년 의 아저씨로 기억하지 않는다.

광채
당신의 에너지,
당신의 생김새,
당신의 표정이
매끄러운 연쇄반응을 일으킬 때
생겨나는 현상.
갭 클래식.

_ 미국 GAP 인쇄광고 카피

나를 알아야 나의 스타일도 생긴다

대학 입학식 때 나는 멜론색 겨울 투피스를 입었다. 목에 하얀 토끼털도 달려 있었다. 여름에는 페티코트까지 받쳐입고 마릴린 먼로 같은 흰 원피스를 입었고, 겨울에는 굽 높은 부츠를 신고도 길을 쓸고 다닐 수 있는 롱~롱코트를 입었다.

당시 나는 클래식기타 동아리에서 활동하고 있었는데, 가벼운 가죽이나 레자로 만든 소프트케이스를 거부하고 레옹이 들고 다닐 법한 하드케이스에 기타를 넣어가지고 다녔다. 무거워 죽는 줄 알았다. 그래도 뮤지션이라면 이런 고통쯤은 마땅히 짊어져야 한다고 생각했다. 기타는 잘 못 치면서도 사람들이 '쟤 좀 치나 본데!' 하는 시선으로 봐주는 걸 즐겼던 모양이다. 지금 와서 생각해보면, 그때 그 시선들은 '키도 작은 여자애가 저러고 다니다가 케이스에 깔리는 거

223

아냐?'였을 텐데 말이다.

입사하고 나서는 정장만 고집했다. 일주일 내내 청바지도 괜찮고 야근 있는 날에는 트레이닝복 입어도 아무도 안 쳐다보는 광고대행사 제작팀의 특성상 정장을 입고 다닐 하등의 이유가 없었으나, 정장을 입고 출근해야 진정한 커리어우먼이라고 철석같이 믿었다.

TV에 연예인들이 나와 "전 그냥 편한 옷 좋아해요. 내 몸에 편한 옷이 제일이죠"라고 말하면 이해가 되지 않았다. "몸에 안 편한 옷이 따로 있나? 살 때 다 입어보고 샀을 거 아냐? 그런 옷이 왜 불편해?" 해마다 철마다 유행하는 옷을 입는 것이 제일 편했던 나로서는 전혀 납득할 수 없었다.

그렇게 드라마에 나오는 커리어우먼 흉내를 내며 정장만 고수하다가 일주일에 한두 번쯤은 청바지를 입고 다니게 됐다. 하루는 펜슬스커트, 다음 날은 청바지, 그 다음 날은 스튜어디스처럼 블라우스에 스카프를 두르고, 다음 날은 청바지, 그 다음 날은 블랙미니드레스에 가짜 양식진주목걸이…… 회사의 한 선배는 "진희 패션은 아주 널을 뛰는구나"라며 기막혀하기도 했다.

그러다가 점점 청바지를 입고 출근하는 날이 늘더니, 이제는 일주일 내내 청바지에 티셔츠를 입고 다닌다. 일하기 편한 옷이 제일인 걸 이제야 알게 된 것이다. 그래도, 세월 앞에 장사 없고 야근 앞엔 패션도 없다지만, 청바지도 트레이닝복도 제대로 입어야겠다는 생각에 한동안 청바지 마니아가 됐고 트레이닝룩에 한참 빠져들기도 했다.

10년 가까이 그렇게 내 몸을 두고 패션 실험과 시행착오를 거듭한 끝에, 야근하는 날 어떤 옷이 '건강하고 일 잘되는' 옷인지 알게 됐다. 스타킹은 금물이고, 면 소재의 솔기도 없는 옷이 최고다. 청바지도 솔기가 있어서 오래 일하기에는 적당하지 않다. 오히려 부드러운 세미정장 바지나 카고팬츠가 야근에 더 적합하다.

또 연차가 쌓이면서 불시에 고객의 방문을 받거나 방문하게 될 경우를 대비해, 청바지를 입으면서도 너무 캐주얼하게만 보이지 않게 매치할 수 있는 방법도 알게 됐다.

지금도 이 스타일 저 스타일 시도해보는 걸 좋아하지만 예전처럼 정신없이 패션으로 널뛰는 생활은 청산했다.

디자이너 비비안 웨스트우드Vivienne Westwood는 "케이트 모스처럼 입는다고 케이트 모스처럼 보일 수는 없습니다. 물론 영향을 받을 수는 있지만, 먼저 당신 자신을 돌아보고 자신이 누군지 알아야 해요"라고 말했다. 예전에 나는 쇼핑할 때 예쁜 건 무조건 입어봐야 했다. 하지만 지금은 입어보지 않아도 내 스타일인지 아닌지, 내 몸에 맞겠는지 아닌지 판단이 선다. 예전보다 쇼핑시간은 훨씬 줄었는데 사놓고 안 입게 되는 옷도 훨씬 줄었다. 이제 슬슬 나만의 스타일을 찾아가고 있기 때문일 것이다.

나는 속았다…

1990년대만 해도 김희선 스타일 곱창머리끈, 욘사마 스타일 머플러 묶기, HOT의 동물털장갑 등이 한번 유행하면 정말 온 도시를 뒤덮었다. 하지만 지금은 플랫슈즈와 킬힐이 같이 유행하고, 핫팬츠와 롱스커트가 동시에 트렌디하다. "가장 소중한 옷은 나를 나답게 하는 옷"이라는 말처럼, 자기만의 스타일이 가장 스타일리시한 것이라는 생각이 통용되는 시대가 된 것 같다.

실제로 회사를 다니면서 일하는 사람들의 스타일을 눈여겨보니, 365일 흰옷만 입던 앙드레김, 청바지에 검은 티만 고집하던 스티브 잡스의 그것까지는 아니더라도, 그 사람의 시그너처signature 스타일이 있는 게 가장 근사해 보인다. 머리끝부터 발끝까지 공 들인 차림새보다는 한 가지에 포인트를 주면서 '자신만의 스타일'을 가진 사람에게서 멋이 풍긴다. 어떤 사람은 머리끝 전문가, 어떤 사람은 목둘레 전문가, 어떤 사람은 발목 전문가…… "어떤 면도 방법에도 철학이 있다"는 서머셋 몸Somerset Maugham의 말처럼, 자신이 가장 신경쓰는 부분에서 가장 디테일한 관조 같은 것이 우러나오는 듯하다.

초등학생 자녀를 둔 여자 상사는 허리까지 내려오는 긴 파마머리를 고수한다. 보통은 나이 들면서 길었던 머리도 자르는 경우가 많은데, 그녀는 긴 파마머리에 비니나 넓은 헤어밴드로 자신만의 스타일을 연출한다. 작은 얼굴과 풍성한 머리숱이 잘 어울려, 어렸을 때 푹 빠져 읽었던 김동화의 만화 《요정 핑크》가 생각난다.

한 남자 후배는 거의 날마다 동그란 동안 얼굴에 어울리는 캡을 쓴다. 빵처럼 맛있어 보이는 둥근 베이지색 구두까지 신고 오는 날엔 《플랜더스의 개》의 주인공 네로처럼 순수해 보인다.

또 다른 후배는 다른 건 몰라도 스타킹에 유독 집착한다. 주먹만 한 블랙 프린트가 살색 스타킹에 콱콱 박혀 있어, 언뜻 보면 다리 전체에 문신을 한 것처럼 보이는 스타킹도 다른 사람들 시선 의식하지 않고 유쾌하게 신고 다닌다.

또 한 동료는 운동화 마니아다. 매번 새 운동화인 줄 알았는데, 아내가 운동화 사랑이 극진해서 항상 솔질을 해준다면서, 깨끗하게 관리해 컬러가 더 예쁘게 빛나는 운동화를 신고 바삐 움직인다.

이번 시즌 신착상품도 좋고, 뉴욕이나 파리 또는 밀라노에서 온 최신 스타일도 다 좋지만, 이리저리 휘둘리거나 다른 사람을 카피한 것 같은 스타일은 이제 촌스럽다. 세계적인 여성패션 잡지《보그 Vogue》의 편집장을 지낸 에드나 울만 체이스는 이렇게 말했다. "패션은 살 수 있지만 스타일은 갖고 있는 것이다. 스타일은 기억과 추억, 성장배경, 환경, 경험, 느낌, 체형, 성격, 취향, 감성 등이 맛나게 버무려진 결정체이기 때문이다."

명품백 네 개를 번갈아 들고 다니는 줄 알았던 내 친구에게 진짜 명품은 알고 보니 단 하나뿐이었다. 그렇다고 그녀의 옷이나 구두가 모두 고가인 것도 아니고, '난 와인만 마시잖아' 고급인 척 까다롭

227

게 구는 취향도 아니다. 대신 그녀는 자신이 읽은 책 이야기를 정말 실감나고 풍부하게 해서 듣는 내가 실제로 읽은 것 같을 정도로, 수다스러우면서도 우아하고 지적이면서도 코믹한 그녀만의 스타일이 있다.

또 어떤 선배는 튀지 않는 컬러의 무지티와 청바지를 1년이면 300일은 입는데, 술자리에 후배들이 셋이 모이든 아홉이 모이든 언제나 몰래 나가 계산을 끝내놓는다. "선배들은 그 많은 술값이 다 어디서 났을까?" 시인 이문재가 산문집에서 던졌던 물음에 "그 술값은 다 옷값 아껴서 난다"고 대답해도 좋을 그런 선배다. 술값 그만 내고 옷 좀 사입으라고, 우리 후배들도 이제 다 늙어서 돈 좀 번다고 아무리 성화를 해도 못 들은 척하니, 그 선배가 불러내면 가끔 안 비싼 티 한 장 사들고 나갈밖에!

발랄한 지성이 빛나는 내 친구의 가방 절반 이상이 짝퉁이라고, 후배들 술값은 만날 혼자 다 내는 선배의 티셔츠가 서너 장밖에 없다고, 그들의 스타일이 후지다는 생각은 한 번도 해본 적 없다. 그 사람의 스타일은 그대로 그 사람의 영혼이다. 영혼이 빛나는 사람은 명품백이 아니어도, 비싼 옷이 아니어도 빛이 난다.

스타일 살리는 법

카렌 카보Karen Karbo는 샤넬 스타일을 이렇게 정의했다. "샤넬은 타인의 시선이 아닌, 나 자신의 몸이 편하고 아름답게 보이는 옷을 만들기 위해 끊임없이 노력했다. 일생 동안 자신이 디자인한 옷을 입은 그녀는 언제나 자기 작품의 첫 번째 모델이었고 실험대상이었다. 우리가 열광하는 샤넬 스타일의 대부분은 일상에서 우러나온 지극히 평범한 것이다. 스웨터를 입다가 머리가 헝클어지자 가운데 부분을 잘라 카디건을 만들었다."

전세계 여성들의 추앙을 받는 샤넬조차 자신의 몸을 편하게 해주는, 그리고 아름답게 보이는 옷을 소망했다. 자신의 몸과 마음을 편하게 해주는 스타일에서 자신만의 스타일을 찾으면 된다.

아아, 기쁘다
여름이다, 기쁘다는 사람도
여름이다, 싫다는 사람도
월요일이다, 다시 해보자 할 때도
월요일이다, 아아 피곤하다 할 때도
그놈이 좋다, 행복하다는 경우도
그놈이 좋다, 아 괴롭다는 경우도
뭐, 여러 가지가 있지 않겠습니까.
하지만 그저 열심히 살아가는 것이 득이 되는 것 같습니다.
맛있는 맥주라도 마시면서.

_ 일본 기린맥주 인쇄광고 카피

나 를 사 랑 하 는 법

세상에서 제일 예쁘고
똑똑한 사람은 나다

누구나 마찬가지다. 밝은 에너지를 뿜어내는 사람과 만나고 싶
고, 함께 일하고 싶고, 마주보고 이야기 나누고 싶다. 그런 사람이 굳
이 필요하지 않은 인간 종류가 딱 하나 있긴 하다. 스스로 밝은 에너
지가 찰찰 차오르는 사람.

그래서 세상의 수많은 말과 글이 그토록 오랜 세월 줄기차게 긍
정의 힘을 강조해왔을 것이다. 특히 요즘처럼 각박한 시절에는 너도
나도 긍정을 외친다. 그런데 이렇게 사방에서 넘쳐나는 긍정 메시지
에 포위되어 있으면 되레 부정적인 생각이 든다. 긍정까지 이렇듯 강
요해야 하나?

'긍정의 덫'이라는 것도 있다. 긍정이 때로는 나를 배신하기도 한
다는 말이다. 지나친 낙관과 긍정이 나를 무방비, 무대책 상태로 만

231

들어 더 무참한 결과를 초래할 수도 있지 않을까. 무조건 잘될 거라는 생각만으로 잘되는 일도 있을지 모른다. 만에 하나 정도는.

실상이 그렇다 해도, 평창동계올림픽 유치만큼 온 국민의 염원이 담긴 대형 프로젝트 담당자가 아닌, 팀 내에서 A플레이어 후보군도 안 되는 김 대리와 노 차장에게는 긍정이 든든한 동아줄과 같다. 썩은 줄인지 아닌지 고민할 필요 없이 잡기만 하면 된다. 어제도 오늘도 깨지고 또 깨져서 울컥 사표라도 내던지고 싶을 때는 더더욱 긍정의 끈을 꼭 붙잡아야 한다.

신경과 의사 강동화 박사는 세상에 되는 일은 하나도 없고 행운의 여신은 나만 피해가는 것 같을 때 기억을 왜곡하는 '나쁜 뇌'를 쓰라고 조언한다.

"내가 주최한 만찬을 성공리에 마쳤다면 나는 언제나 손님대접을 잘한다고 생각하고, 내가 누군가로부터 꽃을 받았다면 나는 항상 인기가 많은 사람이라고 받아들인다. 대신 나쁜 일이 일어났을 때는 그 사건을 일시적이고 특수한 것으로 받아들인다. 배우자의 생일을 깜빡 잊었다면 그날따라 다른 일 때문에 정신이 없었고, 중요한 약속을 어겼다면 그날 어쩌다 수첩 확인하는 것을 잊어버린 것이다. (……) 대신 나에게 좋았던 일은 '항상, 언제나, 모든 경우에' 일어난다고 해석하고, 나에게 일어난 나쁜 일은 '그때뿐'인 일시적이고 특수한 이유 탓으로 돌려라."

과거를 있는 그대로 중립적으로 기억하는 게 좋은 뇌라면, 자신이 멋있었던 과거만 확대·왜곡해서 기억하는 것은 '나쁜 뇌'다. 하지만 이 '나쁜 뇌'가 긍정적인 심리를 지속시켜준다.

마침 '예전의 나보다 지금의 내가 더 후진 것 같다'는 생각에 침울해 있던 차여서 '나쁜 뇌'를 한번 가동시켜봤다. 바쁜 후배의 일을 몰래 가져다 마무리해주고는 정작 후배 앞에서는 생색도 안 낸 나. 일본으로 파견된 친구에게 놀러 가고 싶지만 바쁜 남자친구한테 왠지 미안해서 '일본'의 이응도 안 꺼낸 나. 최근 무려 사흘 동안이나 아무리 졸려도 한 페이지라도 꼭 책을 읽고 잠자리에 든 나. 1차 끝나고 2차 끝나고 노래방까지 가고 싶었지만 노래방은 참고 일찍, 새벽 일찍 귀가한 나…… 이렇게 왜곡해보니 나는 의외로 속 깊은 선배, 지혜로운 애인, 게다가 계획은 꼭 지키며 자제력까지 갖춘 멋있는 사람이다!

나는 전도연을 좋아하고 심은하를 좋아하지 않는다. 갑자기 왜 여배우 타령이냐고? 나는 한때 심은하의 광팬이었다. 그녀가 출연한 영화는 모두 개봉날 봤고, 드라마 〈청춘의 덫〉은 '본방사수'를 외치며 술 마시다가도 벌떡 일어나 모범 불러타고 들어와 꼬박꼬박 봐주었다. 그런데 그렇게 자기를 사랑하던 팬들을 차버리고 그녀는 떠났다.

신비주의니 컴백 징조니 언론은 가끔 생각날 때마다 떠들었고,

몇 년을 그렇게 카메라 피해다니던 그녀가 최근 공식석상에 모습을 드러냈는데, 바로 남편의 책 사인회였다. 그래서 더더욱 실망스러웠다. 그래도 열성팬들에게 인터뷰를 통해서라도 가끔 안부라도 전했어야 하는 것 아닌가. 배우로서의 삶은 마침표를 찍었다 해도 아직도 그녀를 그리워하는 이들을 위해 그녀 스스로 자신을 얼마나 사랑하며 살고 있는지 보여주었으면 좋겠다.

반면 예전에는 별로 좋아하지 않았던 전도연이 요즘 너무 좋다. 대스타이면서도 스크린에 자신을 던지는 그녀의 열정은 자신을 정말 사랑한다는 증거다. 그녀는 "감독에게 모든 걸 맡긴다"고 말한다. 그렇게 자신을 연출해줄 사람에게 자신을 던질 줄 아는 그녀는 정말 자신을 사랑하는 여자다. 그래서 그녀를 인터뷰한 김어준은 말했다 "전도연의 직업은 전도연이다!" 그 인터뷰 기사를 읽고, 그렇게 그녀가 자신을 사랑하는 방식으로 나도 나 자신을 사랑해야겠다고 다짐했었다.

공부 잘하는 놈이 부모 잘 만난 놈 못 이기고, 부모 잘 만난 놈이 운 좋은 놈 못 이긴다고들 한다. 하지만 결국 이 모든 놈놈놈을 다 이기는 건 '나를 사랑하는 나 자신'이다.

잘나고 배경 좋고 운까지 억세게 좋은 놈들이야 정 꼴 보기 싫으면 안 보면 그만이다. 하지만 잠들었을 때나 깨 있을 때나 내 옆에 착 달라붙어 있는 사람, 화장실 갈 때도 꼭 나를 따라오는 사람, 아무도 안 만나려고 휴대전화까지 꺼둔 날에도 기어이 마주치게 되는 딱한 사람, 그놈은 누구인가? 바로 '나'다.

　나에게서 1분 1초도 안 떨어지는 그 '나'란 놈이 어떤 사람이면 좋겠는가 생각해보면, 늘상 한숨 쉬고 침울한 사람 말고 쾌활하고 기분 좋은 사람, '아아, 기쁜 사람'이다. 그러니 별수없이 기분 좋은 사람이 될 수밖에! 전도연처럼 깜찍하고 능청스러운 자세로 맥주라도 마시면서 말이다.

나를 사랑하는 법

매일 아침 여배우가 되어보자. 세상의 모든 스포트라이트를 받는 최고의 여배우. 메이크업도 건성건성 하지 말고, 여배우가 최고의 스타일리스트한 테 메이크업받듯이 샘플 하나라도 정성껏 발라보자. 입을 옷이 마땅치 않다면 스카프라도 좀 튀는 걸로 두르자. 그리고 거울 앞에서 이렇게 대사를 해보는 거다. "원빈은 너무 빈약해, 현빈은 군대 가버렸고, 새로운 빈이 딱 상대배우로 나와줘야 하는데." 세상이라는 무대에서 '나'보다 더 나 같은 등장인물은 없다.

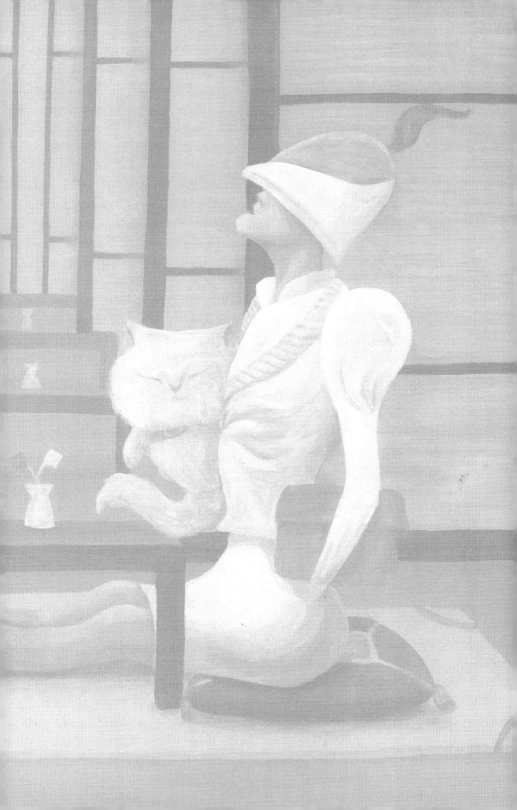

비싸다고
외치는 차가
아닙니다.
선택한 사람의 안목에
조용히 보답해주는 차입니다.
BMW733i

_ 미국 BMW 인쇄광고 카피

샤넬백보다 샤넬정신이
나를 빛나게 한다

나는 샤넬을 좋아한다. 샤넬백도 물론 좋아하지만 샤넬이라는 여자와 그녀의 정신을 더 좋아한다. 〈뉴욕타임스〉의 칼럼니스트 카렌 카보Karen Karbo는 '최초의 현실주의자'인 샤넬의 스타일과 정신을 이렇게 정의했다.

"알트 샤넬은 샤넬정신의 오마주다. (……) 알트 샤넬을 입기 위한 핵심 요소는 뻔뻔스러움이다. 세상 돈을 전부 가지고 있다 해도 빈티지 샤넬 트위드재킷을 갭 청바지와 흰 티셔츠 위에 입거나, 집시풍 스커트에 컨버스의 빨간색 하이톱 운동화를 신고 검은색 샤넬 퀼팅백 드는 것을 좋아할 수 있다. 알트 샤넬 스타일은 샤넬에 환호하지만 샤넬의 노예는 아니라는 점을 이야기한다."

20세기 초 당시 귀족들이 거들떠보지도 않던 편물 소재를 사용해 옷을 만들고, 경마장 소년 마부의 스웨터에서 아이디어를 얻은 샤넬의 유연한 발상법과 "럭셔리는 눈에 보이지 않되 느낄 수 있어야 한다"고 말한 그녀의 안목을 내 것으로 만들고 싶다. 그래서 나는 샤넬이라는 브랜드를 샤넬이라는 여자 때문에 좋아한다.

그런데 이렇게 샤넬정신을 외치는 내가 사실은 얼마나 가식적이고 허영을 좇는 인간인지 절감한 사건이 있었다.

몇 년 전 나는 연결되는 소개팅은 단 한 건도 거절하지 않고 다 나갔다. 허한 마음을 달래기 위해서였던 것 같다. 소개팅에 나온 남자가 독일제 스포츠카를 위풍도 당당하게 끌고 나오면 '어우, 저런 똥폼!' 하면서도 어쩐지 기분이 업되기도 했다. 남자가 터무니없이 비싼 레스토랑에서 만나자고 하면 '어우, 웬 허세!' 하면서도 자주 와본 듯 자연스럽게 스테이크를 새 모이 사이즈로 썰었다. 남자가 제법 값나가 보이는 손목시계를 차고 있으면 '어우, 된장남!' 하면서도 브라이틀링인지 까르띠에인지 은근한 시선으로 티 안 나게 확인했다.

그러던 어느 날, 서래마을 레스토랑에서 그 남자를 기다리고 있었다. 오랜만에 연락한 한 선배가 '선물'이라며 연락처를 알려준 남자였다. 그 선배는 화려한 남성편력으로 소문이 자자했던 만큼 그럴듯한 남자들의 리스트를 줄줄이 꿰고 있었다. 나는 이름과 나이 외에는 이것저것 물어보지 않았다. 아니, 물어볼 필요도 없었다. 워낙 안목있는 선배의 추천이니 뭘 더 따지고 재고 하겠는가.

잔뜩 기대를 하고 간만에 미용실까지 들러 10분이나 일찍 레스토랑에 앉았다. 그런데 어찌 된 일인지, 레스토랑 문을 열고 들어온 번듯한 남자들은 다 제자리를 찾아 앉아버렸고, 큰 키 하나 빼고는 소박하다 못해 촌스럽기까지 한 남자가 내 앞을 얼쩡거렸다. 설마, 했지만 역시나!

정말 큰 기대를 했던 터라 남자가 자리에 앉자마자 실소가 터져 나왔지만 미소인 척 싸악 마무리했다. 딱 한 시간만 앉아 있자고 다짐을 했건만 내 얼굴은 점점 큰바위얼굴처럼 굳어졌고, 시선은 자꾸만 다른 테이블에 앉아 있는 남자들을 힐끔거렸다. 혹시 어디 한 군데라도 잘난 구석이 없을까 훑고 또 훑어 실마리를 찾아보려 했지만, 그는 그저 예술영화를 좋아하는 소박한 심성과 성실한 태도의 소유자, 딱 대한민국 평균치 대리 같았다. 남다른 점이라면, 흐릿한 인중과 유난히 세모난 입술뿐이었다.

서둘러 자리를 마무리하고 집까지 데려다주겠다는 친절도 마다한 채 레스토랑 앞에서 택시를 잡아타고는 쏜살같이 집으로 왔다. '너는 속물덩어리야.' 나 자신을 힐난하면서도 주말 저녁시간을 그와 낭비하지 않았다는 사실에 안도하며 홀짝홀짝 맥주 몇 캔을 비웠다.

얼마 후 그 선배를 만났다. 나는 소개팅에 나온 남자 이야기를 하면서 내심 선배에게 서운했다고 말할 참이었다. 그런데 아뿔싸, 선배가 먼저 내 뒤통수를 쳤다.

"야, 너 그때 그 남자랑 왜 두 번도 안 만났어? 그 남자 아버지가 얼마 전에 너희 회사에서 광고 제작했던 그 생명보험사 CEO잖아. 있는 척, 잘난 척 안 하고 얼마나 반듯하고 고상한 사람인데……"

집에 돌아와 그 CEO의 이름을 인터넷으로 검색해보니 흐릿한 인중에 세모난 입술, 누가 봐도 그 남자의 아버지였다. 나는 눈물까지 찔끔거릴 정도로 박장대소했다. 잘난 남자에 대한 내 우스운 편견과 브랜드태그로만 고상함을 확인하려 한 내 속물근성이 제대로 한 방 먹은 것이다.

내가 신봉해온 샤넬정신으로 내 삶을 설명하기란 불가능하다는 걸 깨달았다. '가진 것도 없으면서 브라이틀링이나 까르띠에를 차고 다니는 남자를 선택하지는 않겠어'라고 잘난 척했던 것이 정말 잘난 척에 불과했다는 사실도 절감했다.

출신학교, 직업, 연봉, 차나 옷의 브랜드, 더 나아가 부모님과 살고 있는 아파트의 브랜드까지…… 관심없는 척하면서 은근슬쩍 따지는 나 같은 여자와 남자가 너무 많다. 어떤 이는 스스로 내놓고 외치고(이것이 자신감으로 보이는 경우가 많다), 어떤 이는 드러내지 않지만 알아주길 바라는 한 수 높은 테크닉을 구사한다. 잘난 점을 과시하는 그들의 화법과 수단은 너무 다양해서, 그 진가를 확인하기가 쉽지 않다.

내가 나의 실체를 조금씩 알아가기 전까지 나는 잘난 척하는 사람이 진짜 잘난 사람인 줄 알았다. 그런 사람과 함께 있으면 나까지 반짝이는 것 같았다. 하지만 나의 편력이 허영임을 확인하고 깨달은 것은, 몇몇 남자가 내 뒤통수를 후려치며 알려준 사실은, 가장 본질적인 가치는 절제 속에서 서서히 드러난다는 것이다.

"잘났다고 외치는 사람이 아닙니다. 선택한 사람의 안목에 조용히 보답해주는 사람입니다." BMW의 카피는 어째 자동차보다 삶의 가치와 사람의 됨됨이에 더 잘 어울린다.

브랜드에 속지 않는 법

"나 결혼하게 될 것 같아. BMW 타는 남자랑." "그래? 잘됐다, 정말!" 그렇게 졸업과 동시에 결혼선언을 한 내 친구의 남편은 버스, 메트로, 워킹으로 출퇴근하는 소박한 남자였다. 결혼하고 딱 10년, 그는 근검하고 성실한 남자답게 차근차근 기반을 다지고 그 위에 성을 쌓았다. 지금은 진짜 BMW를 탄다. 매년 연말이면 수익의 일정 부분을 기부하기도 한단다. "결혼할 때 둘 다 가진 것이 전혀 없었지만 그 사람은 정말 성실했어. 자기는 약속시간 한 번 어기는 적이 없는데 내가 매번 늦어도 화 한 번 안 내더라. 자기에겐 정말 인색하고 남에게는 무한히 넉넉한 사람이었지." 그 친구는 브랜드에 속지 않는 법을 어쩜 그렇게 일찌감치 깨달았을까?

자잘한 것들
보통 우린 살면서
큰 상 한번 못 타보죠.
퓰리처상.
노벨상.
아카데미상.
토니상.
에미상.
그래도 자잘한 기쁨들은
다 우리 거예요.
등을
토닥토닥해주는 손.
귓불 뒤로 스치는
입맞춤.
10킬로그램 월척.
꽉 찬 보름달.
때마침 딱 한 칸만 비어 있는
주차공간.
타닥타닥 타오르는 벽난로.
맛있는 한 끼.
황홀한 노을.
따끈한 국물 한 그릇.
시원한 맥주 한 잔.
대박 한번 쳐보겠다고
안달복달하지 말고
아주 자잘한 기쁨들
즐겨도 되잖아요.
그런 자잘한 기쁨들은
우리 곁에 널리고 널렸으니까.

_미국 유나이티드테크놀로지 인쇄광고 카피

매 일 행 복 해 지 는 법

반복되는 일상에서
행복찾기 놀이를 하자

　　칸광고제, 뉴욕광고페스티벌, 아시아태평양광고제…… 그 많은 광고제에서 번듯한 상 한번 타보기는커녕, 우수사원 표창 한번 받아본 적 없는데 연차는 꼬박꼬박 목구멍 끝까지 차오르고 있다. 연차가 높아질수록 노련함보다 불안이 늘고 칭찬보다는 평가를, 인정보다는 견제를 더 많이 받는 '익스트림존'에서 살고 있으니, 이 모든 것으로부터 단박에 벗어날 수 있는 '대박'에 대한 간절함이 커져만 간다. 그래서 매주 금요일 점심시간이면 회사 앞 사거리 복권가게가 블랙홀처럼 샐러리맨들을 빨아들이는 것이리라.

　　그런데 사실 몇십 억짜리 로또 1등에 덜컥 당첨되는 일은 어쩌 좀 허황된 행운 같지만, 밤 9시에 예정된 회의가 5시 50분쯤 갑자기 취소되는 건 당첨 확률이 꽤 높은 참 실용적인 행운이다. 물방울다이

아몬드 반지 끼워주는 엄친아 남자친구를 사양할 리는 없겠지만, 서른을 훌쩍 넘긴 나한테는 "우리 아기 손이 왜 이렇게 차갑지?" 하며 후끈하게 손 꼭 잡아주는 남자친구가 훨씬 내 남자 같다. 유명 셰프가 광활한 접시 위에 조그만 스테이크로 작품활동을 한 요리도 맛있지만, 아무 말이나 막 해도 되는 친구와 편의점 파라솔 밑에 쫙 펼쳐놓고 먹는 컵라면이랑 새우깡에 맥주가 더 맛나다.

백마 탄 왕자가 키스 한 번 '쪽!' 해주자 공주는 식도에 걸린 사과도 튀어나오고 천년간의 잠에서도 깨어난다. 시쳇말로 '대박'이다. 이런 일을 경험한 공주와 왕자는 대부분 오래오래 행복하게 잘 살았다고 하는데, 다달이 한 번씩 비슷한 대박이 터져줘서 평생을 행복하게 살았던 것일까?

이런 옛날 이야기들은 '대박'을 묘사한 후 "그후로도 그들은 오래오래 행복하게 살았다"는 문장과 함께 후닥닥 마무리된다. 얼마나 오래? 어떻게 행복하게? 나는 늘 그게 궁금했다. 공주같이 예쁜 드레스를 입고 결혼했던 내 친구들 중 절반은 그 행복이 너무나 짧게 끝났는데?

'사랑의 클라이맥스 그후에도 왕자와 공주는 늘 뜨겁게 키스를 퍼부으며 로맨틱한 인생을 살았을까?' 나는 그걸 알고 싶었지만 동화는 한 번도 그 디테일한 행복스토리는 들려주지 않았다. 그 이유는 어쩌면 '오래오래 행복하게' 살았다는 것이 소소한 일상의 기록들이기 때문 아닐까? 이야기책에 굳이 쓰지 않아도 우리가 다 아는 시시콜콜한 일들이어서 아닐까? 오늘 저녁에는 왕자랑 요 앞에 새로 생긴 식당에서 외식을 했다, 아기가 처음으로 혼자 뒤집었다, 작아서 장롱 속에 처박아뒀던 옛날 드레스를 입어봤는데 잘 맞았다…… 이런 흔하고 자잘한 행복의 이야기들 말이다.

　　몇 개월 같은 팀에 있었던 여자 선배 이야기다. 야근과 주말근무를 밥 먹듯이 해야 하는 현장에서 근무하며, 갓 돌 지난 아이를 키우고 자기보다 더 바쁜 남편 뒷바라지까지 해내는 그 언니는, 내가 보기에는 그야말로 억척어멈이었다.

　　가끔 블라우스 앞섶에서 분유냄새가 나고, 블랙 정장에 꼬들꼬들 말라붙은 밥풀떼기가 달려 있기도 했다. 그것으로 그녀의 일상이 얼마나 전쟁 같은지 짐작할 수 있었다. 아이는 밤마다 보채고, 낮시간 동안 아이를 봐주는 보모는 왜 그리 자주 그만두겠다고 하는지…… 어쩌다 하루 눈치 보며 낸 월차는 아이 예방접종, 이유식 만들어 냉동시키기, 찬거리 장보기, 남편 와이셔츠 다리기 등으로 더 종종거리게 된다고 하소연하곤 했다. 하지만 그녀의 얼굴에서는 항상 미소가 떠나지 않았다. 아무리 힘들어도 밝고 씩씩한 큰언니 같은 편안함이 배어 있었다.

　　어느 날 아침, 그녀가 남편으로부터 장문의 문자메시지를 받고 웃고 있었다. 당시 남자친구도 없던 나는 약이 올라 휴대전화를 빼앗아 훔쳐읽었다.

"나 아무거나 잘 먹는 거 알지? 1식 1찬 엄수해. 앞으로 두 가지 이상 반찬이 식탁에 오르면 나 단식투쟁 들어갈 것임. 당신이 주는 계란프라이는 나한텐 씨암탉이야. 나 체력 좋잖아. 밥에 간장만 얹어 비벼먹어도 강호동이야. 오늘 밤에 입증해주겠어! 요리한다고 주방에 5분 이상 서 있으면 가정폭력이 어떤 건지 보여주고 말거얏! 그 시간에 제발 잠이나 푹 자. 늘 미안해~ 싸랑해!"

새벽에 나가는 남편이 안쓰러워, 방송에서 몸에 좋다고 한 쑥으로 난생 처음 쑥국을 끓여 아침상에 올린 날, 이런 문자를 받은 여자는 백설공주나 신데렐라보다 더 운 좋은 여자다. 그녀가 매일 전쟁 치르듯 부대끼면서도 웃음을 잃지 않는 비결은 바로 휴대전화에 '당신의 호동이'라고 저장되어 있는 그녀의 남편이었다.

일상의 소중함이 얼마나 대단한 것인지 그 부부가 단적으로 보여주고 있었다. 매일 로또 맞은 것처럼 터질 듯한 행복은 아니라도 계란프라이 하나에도 행복을 만끽할 수 있는 삶을 살고 싶다.

꿈인지 생시인지 도무지 분간이 안 가서 '야, 나 좀 한번 꼬집어 봐' 하는 대박은 허구다. 판타지다. 일어날 법한 일이 일어나서 마땅히 행복해지는 그런 행운은 너무 자잘한 것일까? 영화 〈세렌디피티 Serendipity〉에 이런 대사가 나온다. "운명은 우리에게 작은 사인들을 보

250

내요. 우리가 행복할지, 안 행복할지는 그것들을 어떻게 읽느냐에 달렸어요." 작은 것에서도 행복을 읽어내는 사람들은 그만큼 자주 행복해진다.

매 일 행 복 해 지 는 법

0.5킬로그램이 빠졌다. 그냥 상영시간 맞춰 고른 영화가 꽤 재미있다. 우리 집 골목 앞에도 스타벅스가 생겼다. 에센스를 하나 샀더니 수분크림 샘플을 엄청 많이 줬다. 벌써 여러 번 신은 스타킹인데 올이 나가지 않는다. 오늘따라 화장이 뜨지 않고 잘 먹는다…… 이런 일상의 사소한 덤을 매일매일 행운이라고 정의해보자. 먹는 것 없이 살이 찌고, 애써 고른 영화가 지루하고, 한 번 신은 스타킹의 올이 나가고, 데이트 가는데 화장이 붕 뜬다면 얼마나 짜증날까. 스스로 행복을 깨닫는 것은 더 큰 행복이 왕창 몰려올 징조다.

존스 씨 가족은 빚이 37만 달러입니다.
경제적 성공에 대해 애기해봅시다. 걱정 마세요. 신문만 펴면
볼 수 있는 '열네 살짜리 소프트웨어 회사 사장' 같은 이야기는 아니니까요.
지금부터 할 이야기는 우리가 살고 있는 바로 이 현실에서의 진정한 경제적 성공에
대한 것입니다. 그것은 겉으로 보이는 부의 상징도, 주변 사람들의 부러움을 사는
것도, 당신 차고에 들어앉아 있는 자동차의 브랜드에 대한 것도 아닙니다.
그것은 당신 스스로가 풍요라고 생각하는 풍요, 진정으로 보상받았다는
내면의 느낌입니다. 당신이 늘 머릿속으로 그리는 그 어떤 것입니다.
잠들기 전 "난 이제 어떡하면 좋을까", 그리고 이 말의 악마 같은 짝꿍 "나한테
○○만 있었으면" 같은 불평이 사라진 조용하고 순수한 축복받은 순간입니다.
다시 말해, 진정한 경제적 성공이란 돈이 많은 상태가 아니라
돈에 대해 걱정할 필요가 없는 상태인 것이죠.
당신은 이렇게 말씀하실지도 모릅니다. "잠깐만요.
이거 은행광고인데, 이자율이나 소수점 아래 몇 자리, 이런 얘기가 없네요?"
예, 맞습니다. 저희도 그런 것들이 중요하다고 생각합니다만, 그런 숫자들 역시
당신의 큰 밑그림에 들어맞을 때만 중요한 거죠. 당신이 옳다고 생각하는 방식대로
살아갈 수 있고, 분수에 넘치는 물건들까지 다 갖춰야 하는 이 세상의
라이프스타일에 대한 기준 때문에 스트레스를 받지 않는 그런 상태 말입니다.
돈이 가장 중요한 우선순위가 되지 않는 평정심에 이를 수 있어야 합니다.
저희가 그럴 수 있도록 도와드리겠습니다.
당신의 우선순위를 꼼꼼히 살펴주는 전문가의 무료 진단 서비스,
당신의 필요에 맞게 구성할 수 있는 맞춤신용카드, 대출 강화 서비스 등.
당신은 이제 인생의 정말 중요한 것들에 좀더 몰두할 수 있게 될 겁니다.
이런 제안이 마음에 드신다면 www.citi.com을 방문하세요.
평화롭고 편안한, 이웃의 눈치도 볼 필요 없는 그런 공간입니다.
풍요롭게 사세요.

_ 미국 씨티그룹 인쇄광고 카피

검약하게 살면 돈이 나를 알아본다

첫 직장에서 만난 한 상사는 자신의 꿈이 '복부인'이라고 담담하게 말했다. 그녀의 고백을 나는 술자리의 우스갯소리쯤으로 흘려들었다. 그런데 딱 12년이 지난 지금, 그녀는 복부인까지는 아니지만 알부자 소리를 들을 만큼의 자산가가 되어 있었다. 대기업 부장인 남편은 부동산대학원까지 다니고, 부부가 함께 주말마다 전국의 땅을 보러 다니는 게 취미라고 했다.

그녀의 흥미진진한 성공담을 장단 맞춰가며 넋놓고 들었지만, '내가 그래도 아직은 돈을 벌기 위해 돈을 쫓아다니며 살 나이는 아니지'라는 생각에 쓴웃음을 지었다. 그런데 지금 내 불안의 가장 큰 원인 중 하나가 돈이라는 사실은 부인할 수 없다.

언제나 불황인 시대를 살면서 내가 매일 열 시간 이상 일하는 이유는, 돈이 많은 상태에 대한 동경보다 돈이 없는 상태에 대한 불안 때문일 것이다. '쇼핑하지 말고 저축해라', '여자는 나이 들수록 모아둔 돈이 있어야 된다' 같은 충고 중 가장 사무치게 와닿는 것이 '모아둔 돈이라도 있어야 쉬고 싶을 때 사표라도 낼 수 있다'인 것만 봐도 그렇다. 결혼을 하려면 최소 얼마는 있어야 하고, 아이를 키우려면 한 달에 얼마가 들고, 퇴직 후에 안정적인 노후생활을 위해서는 몇 억쯤 있어야 된다…… 돈과 인생을 연결하는 세상의 많은 속설은 더더욱 나의 불안을 부추긴다.

넘쳐나는 돈에 대한 이야기와 재테크정보 속에서 길을 잃은 채 나는 그냥 눈 딱 감고 '하고 싶은 일 열심히 하면 돈은 따라오게 돼 있다'는 말을 종교처럼 믿어버리고 싶다. 그러면서도 나이 마흔이 넘었을 때도 남에게 차마 안 들키고 싶은 비밀이 가난이면 어쩌나, 조바심이 난다.

20대 때 나는 보고 들은 것만큼은 남부럽지 않았다. 그만큼 돈 쓸 일은 많았고 돈은 부족했다. 월급을 받으면 나는 여유부터 샀다. 예쁜 옷을 입을 여유, 비싼 공연을 볼 여유, 해외여행을 갈 여유…… 그러다 보니 저축할 수 있는 여윳돈은 좀처럼 생겨나질 않았다.

다 쓰고 남은 월급을 자유롭게 저축한 결과, 1년에 400만 원이 채 안 되는 저축액이 통장에 찍혀 있었다. 내가 선택한 여유와 자유는 이기적인 쾌락일 뿐이었음을 빈약한 통장이 말해주고 있었다. 그

서른다섯까지는
연습이다

렇게 3년 동안 모은 1,000만 원은 1년 반의 미국 생활 동안 야금야금 갉아먹혔고, 귀국 후 다시 입사한 회사의 첫 월급은 마이너스통장으로 들어왔다. 한 번 튼 마이너스통장과의 인연은 웬만해선 끊을 수 없었다. 다시 6년쯤 직장생활을 해오면서 이제 겨우 재테크에 눈을 떠, 펀드니 적금이니 하는 것이 어떻게 돈을 불려주는지 알게 되었다.

오랜만에 만난 알부자 상사의 성공담이 솔깃하기도 했고, 서른다섯 살 먹은 내 통장의 잔고를 생각하니 한여름에 한기가 들 정도로 송연해져서, 퇴근 후 집으로 가는 대신 서점의 재테크서적 코너를 찾았다.

베스트셀러 코너에 있는 《인생의 절반은 부자로 살자》와 《내 통장 사용설명서》 두 권을 펼쳐서 목차와 내용을 쭈욱 살펴봤다. 일곱 개의 통장을 효과적으로 사용하는 법을 알려주는 책을 사려다 보니, 나에게 통장은 달랑 입출금통장 하나밖에 없다. 그러니까 월급 들어오고 카드값 빠지는 통장 하나뿐인 것이다. 책을 다시 내려놓았다.

한동안 쭈뼛거리며 이 책 저 책 들춰봤지만 통장 하나뿐인 나 같은 여자를 위한 재테크책은 없었다. 애송이가 된 기분을 달래고 싶어 서점 곳곳을 하릴없이 쏘다니던 중 딱 한 권의 책이 내 방황을 멈춰주었다. 새뮤얼 스마일스Samuel Smiles의 《검약론Thrift》. '아, 검약이라니……' 18세기 어느 시대쯤 쓰이다 이제는 사어가 된 단어를 만난 듯했다. 골동품 같은 그 단어가 통장 하나뿐인 날 위무해줄지 누가 알았겠는가.

의사이자 정치개혁가이며 도덕주의자였던 새뮤얼 스마일스의 검약론은 나에게 복음처럼 들렸다. 그의 책은, 절약은 궁색함과 같은 말이라 생각하며 허세를 부려온, 바쁘면 바쁠수록 무언가 날 조여오면 조여올수록 점점 더 사치스러워진, 급기야는 수입 이상을 쓰고 인생까지도 내팽개칠 가능성이 농후한 한 여인을 구원해주었다. 스마일스는 한 달 벌어 한 달 먹고사는 나에게 말한다. "하루 벌어 하루 먹는 사람은 항상 궁핍의 벼랑에 매달려 있는 꼴이다. 그들은 어쩔 수 없이 약해지고 무능력해져서 시간과 환경의 노예가 된다. 인간다운 기개와 미덕을 잃기 쉽다. 검약한 삶을 살면, 언제나 시간과 운명에 농락당하지 않고 당당하게 세상과 맞설 수 있다."

검약은 한마디로 검소하게 아끼고 절약하며 사는 삶의 자세다. 돈, 돈, 돈 하는 것과는 다르다. 모아둔 돈은 없지만 매달 월급으로 자유와 여유를 샀다며 스스로를 위로해온 나는, 진짜 나를 자유롭게 하는 것은 제때 제대로 쓰고 내 삶의 목표를 위해 절제하며 사는 검약임을 이제야 깨닫는다.

기업코칭 전문가 로이스 프란켈Lois P. Frankel은 45~54세의 미국 여성들이 남성들보다 28퍼센트나 소득이 낮다면서, 여성들이 이 세상의 부를 공평하게 나누어갖지 못하는 현실에 분노한다. 그 주된 이유가 여성들은 어릴 적부터 '선한 삶'과 '풍요로운 삶' 간의 상충되는 메시지를 듣고 자랐기 때문이라고 분석한다. 여성은 소득을 올리는 것보다 재정적인 안정에 더 관심을 기울여야 한다는 사회적인 편견과, 여성 스스로 재정적인 문제에 대해 감정적으로 불편해하는 태도 등이 여성을 '부'의 약자로 만들고 있다는 것이다. 쉽게 말해 '착한 여자 콤플렉스'가 여성들이 적극적으로 부를 추구하지 못하도록 막고 있다는 이야기다.

내 문제는 '착한 여자'이기를 거부하면서 돈도 추구하지 못하는 데 있다. 돈에 대한 욕심이 없는 것도 아니면서 알뜰하고 싶지는 않다는 것이다. 세상은 그악스럽고 때로는 지겨워서 자꾸만 돈이라도 쓰며 잊으라고 부추긴다. 이렇게 돈, 돈, 돈 하는 세상이 혐오스러우면서도 돈에 초연한 채 안분지족하며 살지도 못한다.

하지만 이제 '많이 벌고 싶어, 많이 모았으면 좋겠어'라는 막연한 공상은 하지 않기로 했다. 대신 돈에 대한 생각을 꼿꼿이 세우기로 했다. '은퇴 후에 몇 억은 있어야 산다더라' 같은 남의 계획이 아니라, '나는 2년 후에 ○○를 계획하고 있으니까 이 통장에 1,000만 원 이상은 모아야 돼' 같은 구체적인 나의 계획을 세우기로 했다. '그래도 명색이 10년차 차장인데 이 정도는 써줘야지' 같은 허세는 내던지고 10을 덜 쓰면 10이 모이고, 20을 덜 쓰면 20이 모이는 가장 단순한 상식을 믿고 싶어졌다.

내가 10년 가까이 일하고도 돈을 모으지 못한 이유를 이제 조금 알 것 같다. 나에게 돈에 대한 '생각'이 없었기 때문에 돈이 없었던 것이다. 생각 없이 벌고 생각 없이 쓰는 사람에게 돈은 머물러주지 않는다. 돈, 돈, 돈 타령하기 전에 먼저 '돈과 나'에 대한 생각부터 적어 내려가보자. 가만히 앉아 있는데 굴러들어오는 돈은 없겠지만, 가만히 앉아 돈에 대한 생각을 정리해야 굴러들어온 돈도 내 것으로 붙잡을 수 있다.

돈 버는 법

부자소질 테스트

1. TV 홈쇼핑으로 물건을 구입하지 않는다.

2. 구체적인 목표를 정하고 목돈을 만들기 위해 저축한다.

3. 수입의 50퍼센트 이상을 저축한다.

4. 물건을 살 때 세 번 이상 생각한다.

5. 물건을 살 때 반드시 깎으려 한다.

6. 좋은 차로 바꾼 친구를 부러워하지 않는다.

7. 돈 많은 사람이 돈을 쓰는 것에는 문제가 없다고 생각한다.

8. 한 해에 내가 낸 세금이 얼마인지 알고 있다.

9. 종합소득세를 내고 있다.

10. 세금에 대한 상식이 있으며 절세하는 법을 잘 알고 있다.

11. 시중은행의 이자율이 몇 퍼센트인지 알고 있다.

12. 절약이 몸에 밴 부모 밑에서 자랐고, 부모의 생각에 동의한다.

13. 돈을 열심히 버는 목적은 가정의 행복과 건강이다.

14. 돈을 아끼고 열심히 모으는 배우자와 함께 산다.

15. 투자에 밝은 친구 혹은 부자 이웃이 있다.

16. 일찍 자고 일찍 일어난다.

17. 돈을 아끼는 이유는 항상 아껴쓰는 자세가 중요하기 때문이다.

18. 남들로부터 성실하다는 평을 받고 있다.

19. 한 번 세운 원칙은 꼭 지키는 편이다.

20. 주식투자 시 기대 수익률은 20~30퍼센트가 적당하다.

17개 이상 : 당신은 이미 부자다. / 10~16개 : 부자의 길목에 접어들었다.
5~9개 : 부자의 삶에 눈뜨는 단계다. / 5개 미만 : 부자로 가는 길의 반대로 가고 있다.

_ 한상복,《한국의 부자들》에서

나는 속았다…

Facebook 그만 들여다보고
책 좀 들여다보자.

_ 이스라엘 Tzomet Sfarim 서점 인쇄광고 카피

독서는 납작한 코를 세우는 성형술이다

내가 책읽기를 좋아하게 된 이유를 생각하면 적잖이 부끄럽다. 다섯 살 때, 잠옷바람으로 엎드려 턱을 괸 채 책을 읽고 있는 내 얼굴이 찍힌 사진을 보았다. 어린 눈에도 사진 속의 내가 꽤나 분위기 있어 보였다. 눈을 동그랗게 떴을 때나 활짝 웃을 때보다 눈을 착 내리깔고 책 속에 푹 빠져 있을 때의 모습이 '앗, 나한테 저런 표정이 다 있네!' 신기한 동시에 매혹적으로 느껴졌다.

지금도 나는 책 보는 사람들의 바로 그 표정을 사랑한다. 눈이 크고 시원한 사람이건 단춧구멍마냥 콕 찍혀 있는 사람이건, 눈을 내리깔고 책을 들여다보고 있는 이들의 표정은 모두 아름답다. 저마다 가만히 아름다운 깊이가 있다. 눈을 감은 것도 아닌, 뜬 것도 아닌, 꿈꾸는 것도 아닌, 깨어 있는 것도 아닌 그 표정이야말로 독서의 의미를 가장 잘 말해준다고 나는 생각한다. 눈을 다 감지 않았으되 꿈을 꾸는 시간, 눈을 다 뜨지 않았으되 깨어 있는 시간이 바로 책을 읽는 동안이다.

이렇게 책읽기를 좋아하는 심정과는 별도로, '사랑하지만 지금은 곤란하니 조금만 기다려줘'라고 말하는 불충한 연인처럼, 신입사원이 된 나의 독서량은 눈에 띄게 줄었다. 시험범위처럼 오늘은 꼭 몇 쪽까지 읽어야 된다는 강제성이 없어지자 아무래도 책을 덜 읽게 되었다. 또 바쁘다는 핑계로 '어디 가서 책만 며칠 읽고 왔으면'이라는 푸념을 입버릇처럼 달고 다녔지만, 막상 시간이 나면 독서보다는 다른 즐길거리에 탐닉했다. 첫 휴가 때는 두꺼운 책을 몇 권이나 바득바득 챙겨 떠났지만 한 권도 제대로 읽지 못하고 돌아왔다.

하지만 직장생활이 오래되고 한 해 두 해 연차가 쌓여갈수록, 더 많은 사람을 만나고 겪어볼수록, 직장인이 학생보다 책을 더 많이 읽어야 한다는 생각이 확고해진다.

일본의 캔커피 광고 카피 중에 "부장님은 늘 같은 말을 하며 같은 부분에서 웃는다"는 대목이 있다. 이 부장님은 분명 책을 읽지 않는 분일 것이다. 나는 절대 이런 부장님이 되고 싶지 않으므로 책을 읽는다. 했던 말을 또 하고, 그 말을 혼자서만 재미있어하고…… 짠하고 딱하다. 예의상 웃어주는 것도 한두 번이지, 저런 부장님을 매일 마주쳐야 한다고 생각하면 너무 괴롭다. 또 나 자신이 나중에 저런 부장님이 되는 것 아닌가 생각하면 너무 끔찍하다. 이렇게 생각이 납작한 사람은 코가 납작한 사람보다 훨씬 매력이 없다.

그냥 농담 따먹기 식의 담소를 나눌 때도 재미가 없고, 회의테이블에서도 그의 주장에는 설득력이 없다. 크고 작은 회의를 적어도 만 번 이상 해본 10년차에 접어들고 보니, 잠깐만 함께 회의를 해봐도 알 수 있다. 밥 먹듯 꾸준히 책을 읽는 사람에게서는 그 잠깐 동안에도 깊이를 알 수 없는 저력이 느껴지고, 업무 관련 서적 말고는 책과 담을 쌓고 지내는 사람에게서는 바닥 긁히는 소리가 들린다.

각자의 생각이 충돌하기 마련인 회의테이블에서 밑도 끝도 없이 자신의 주장만 되풀이하는 사람과, 자신의 생각을 다채롭게 펼쳐나가는 사람의 차이는 그가 평소 책을 읽는 사람인가 아닌가에서 나온다. 이런이런 저자의 이런이런 최근작에 나오는 이런이런 주옥과 같은 구절을 인용할 수 있느냐 없느냐의 문제가 아니다. 사실 요즘 같은 시대에는 굳이 책이 아니더라도 유튜브, TED 등 다양한 툴을 통해 세계 지식인들의 알토란 같은 지식을 곧바로 흡수할 수 있다. 잘 만들어진 한 시간짜리 TV 다큐멘터리가 하루를 꼬박 들여 읽은 책보다 더 유익한 내용을 담고 있는 경우도 많다.

문제는 '생각하는 힘'의 차이다. 문화심리학자 김정운 교수는 이렇게 말한다.

"TV, 인터넷 같은 매체를 통해서 정보를 습득하면 자극이 나한테 끊임없이 들어오기 때문에 나 스스로 성찰할 기회가 주어지지 않아요. 그런데 책의 특징은 읽기 싫으면 멈추면 돼요. 그리고 떠오르는 생각이 있으면 거기다가 쓸 수도 있지요. 책을 읽다가 먼 산을 바라볼 수도 있고…… 그런 부분에 있어서 내면적으로 성찰의 경험이 훨씬 더 풍요롭다는 장점을 가지고 있지요."

정말 그렇다. 책을 펼치고 그 한 줄 한 줄에 눈을 맞추면 나와 저자가 산책하듯 생각의 걸음걸이를 맞춰나가는 것 같다. 빠르게 또는 느리게, 앞으로 주욱 나아갔다가 때로는 멈췄다가 혹은 뒷걸음질도 쳤다가, 그렇게 저자의 생각과 내 생각이 엎치락뒤치락하고 나면, 불면 날아갈 듯 허약했던 내 생각의 근육에도 어느새 끈끈한 찰기가 붙어 있다.

요즘 우리 사회는 '독서 권하는 사회'다. 독서력이 곧 경쟁력이다, 생존을 위해 악착같이 읽어라, 인문학적 소양을 갖춰야 한다…… 신문 읽을 틈도 없이 바쁜 직장인들을 다그치며 가열차게 책, 책, 책을 읽으라고 요구한다.

하지만 나는 이런저런 말 다 접어두고, '늘 같은 말을 하며 같은 부분에서 웃는' 부장님이 되지 않기 위해 책을 읽자고 말하고 싶다. 평면적이고 밋밋한 얼굴보다는 앞에서 봐도 옆에서 봐도 아름다운 얼굴을 갖고 싶어서, 여자라면 한번쯤 '안면윤곽술'을 꿈꿔봤을 것이다. 생각도 마찬가지다. 생각에도 나만의 윤곽이 있어야 한다. 깊이감이라고는 전혀 느껴지지 않는 평평한 생각이 아니라, 각이 살아 있는 자신만의 생각을 갖고자 하는 사람들에게 독서는 최고의 '생각윤곽술'이다.

"서울의 이 아름다운 야경은 매일매일 죽도록 야근하는 우리 덕택이다. 햇볕이 환하게 잘 드는 방을 구해 이사했지만 집에 있는 시간은 밤뿐이다."

대한민국에서 일하는 여자들의 일상을 기억 속에 남아 있는 카피를 각색해 표현해봤다. 정말이지 늦은 밤 피곤에 절어 퇴근하면 세수하는 것조차 귀찮다. 좨좨좨~ 초스피드로 얼굴을 닦고, 억지로 샤워하고, 그냥 마스크팩 한 장 얼굴에 철썩 붙이는 것으로 스킨, 로션, 에센스, 아이크림…… 모든 단계를 대신한다.

그러고 나면 잠들기 전까지 마냥 노닥거리고 싶다. 아직 못 본 드라마는 산처럼 쌓였지, TV 심야 예능프로그램에는 아이돌들이 나와 재롱을 떨고 있지, 내 손을 타야만 제대로 굴러가는 게임 속 세상도 한번 관리해줘야지…… 그러고 있자면 띵동띵동, 트위터에 페이스북에 새 글이 올라왔다는 알림음이 울린다. 책 한 장 읽을 시간은 어디에서도 찾을 수가 없다.

그런데 책은 원래 그렇게 없는 시간 쪼개서 읽는 거다. '난 진짜 몰랐어. 태어나봤더니 아빠가 그룹 총수더라. 난 그렇게 재벌 2세가 됐어'도 아니고, '난 책 읽을 시간 충분히 타고났어'라고 말할 사람은 아무도 없다.

우리는 다 안타까운 사람들이기 때문에 책을 읽어야 한다. 안타깝게도 우리는 가고 싶은 곳이 많지만 내일도 회사에 간다. 하고 싶은 것이 많지만 날마다 일을 한다. 만나고 싶은 사람이 많지만 일주일에 5일 이상 대머리 부장님을 본다. 이렇게 '……고 싶은' 것이 많은 우리에게 다행히 책이 있다.

독서는 머리로 하는 여행이고, 여행은 몸으로 하는 독서라고 했다. MIT 대형 강의실 뒷자리에 앉아 있는 듯 놈 촘스키Noam Chomsky의 한량없는 지식을 만나고, 사는 게 뭔지 답답할 때는 프랑스어가 모국어인 아멜리 노통브Amelie Nothomb에게 프랑스어라고는 '쥬뗌므'밖에 모르는 내가 말을 건다. 휴가는 아직 멀었지만 나 대신 여행 많이 다녀주시는 빌 브라이슨William Bryson 아저씨가 혼이 빠지도록 여행 이야기를 해준다.

책이 좋아《백이전伯夷傳》을 11만 번 이상 읽었다는 조선 중기의 시인 김득신金得臣은 "잠에서 깨어 가만히 책을 손으로 문지르면 마음이 편하다"고 했다. 김득신의 책에 대한 사랑만큼은 아니더라도 나와 당신이 더 나은 사람이 되기 위해서는, 지금은 피곤한 일상에 찌들어 있지만 이게 다가 아닌 사람이 되기 위해서는, 우리 곁에는 늘 책이 놓여 있어야 한다.

책 에 서 얻 는 법

"왜 꿈만 꾸는가…… 한번은 떠나야 한다"고 했던 에세이스트 박준은 '여권에 200개가 넘는 스탬프를 찍은' 여행전문가다. 그러나 그는 여행작가가 된 후 오히려 여행에 관한 글쓰기에 정체 모를 허전함을 느끼게 되었다고 한다. 그래서 그는 책을 읽으며 지난 여행의 기억 속으로 떠나는 독서여행기 《책여행책》을 썼다. 오전에는 이탈리아 크레모나를, 오후에는 몽골의 아르항가이 초원을…… 그의 거실에서 갈 수 없는 곳은 없었다.

어떤 영역의 공부도, 어떤 장소로의 여행도 결국은 책으로 귀결된다. 서른 전후의 불안한 여자에게는 더더욱 책이 든든한 '백'이 되어준다.

나는 속았다…

네가 되고 싶은 모습이
네 엄마가 아니라면
네 엄마처럼 될 필요가 없다.
엄마의 엄마처럼 될 필요도 없고
외할머니의 엄마처럼 될 필요도 없을뿐더러
친할머니의 엄마처럼 될 필요도 없다.
그녀들의 턱, 엉덩이, 눈을 물려받았겠지만
너보다 앞서 살았던 그녀들처럼 되는 게
너의 운명은 아니다.
정 그들로부터 뭔가를 물려받아야겠으면
그들의 강인함을 물려받아라.
또 뭔가를 물려받아야겠으면
툭툭 털고 일어나는 그 회복력을 물려받아라.
왜냐하면 남처럼 되는 것이 아니라
네가 되기로 결정한 네가 되는 것.
그것만이 너의 운명이기 때문이다.

_미국 나이키 인쇄광고 카피

나에 대한 나의 생각 속에 정답이 있다

어렸을 때는 생각했다. 봄이 가면 여름이 오는 것처럼 당연하게 나이가 들어갈수록 내 줏대가 뚜렷해질 거라고. 하지만 현실은 달랐다. 20대의 나보다 30대의 내가, 사원이었던 나보다 차장인 내가 훨씬 더 줏대없이 타인의 시선에 전전긍긍하고 있으니 말이다. '노처녀라고 괜히 주눅들어서 그런 걸까?' 생각도 해봤지만, 결혼한 친구들의 사정도 다르지 않았다.

아이를 처음 유치원에 보내면 엄마들은 가장 먼저 백을 더 비싼 명품으로 바꾼다고 한다. 자모회다 뭐다 해서 엄마들이 모일 때면, 서로 누구 가방이 어떤 브랜드인지 살피느라 눈 돌아가는 소리가 들릴 정도라는 것이다. 아이가 초등학교 고학년이 되면 엄마들은 차를 바꾸고 싶어 한단다. 소형차에서 중형차로, 국산차에서 외제차로, 남들

보기에 빠지지 않게, 남들만큼은 사는 것처럼 보여야 하니까. 우리는 어째서 이렇게 '남'에게 '나'를 갖다대면서 살고 있는 것일까?

"우리가 그토록 아름다움을 숭배하는 것은 아름다움이 우리를 멸시하기 때문이다." 릴케의 시 〈두이노의 비가〉 한 구절을 보고 이런 생각이 들었다. 다른 사람이 가진 든든한 백, 우월한 미모, 넉넉한 재산, 화려한 스펙…… 남이 가진 그 무엇을 숭배하기 때문에 나는 멸시당하는 것이 아닌가.

남이 들고 온 비싼 명품백을 부러워하는 순간, 멀쩡히 잘만 들고 다니던 보세백이 부끄러워진다. 석 달 전까지 남자친구 없다고 징징거렸던 친구가 다음 달 의사랑 결혼한다고 청첩장을 보내면 '사' 자 돌림도 아닌 애인과 아직 결혼도 못하고 있는 나는 금세 불쌍한 여자가 된다. 아버지가 대기업 임원이라는 유학파 알파걸이 낙하산으로 들어와 활개치는 걸 보면, 아무 죄도 없는 우리 아버지가 원망스럽고 나름 최선을 다해왔다고 생각한 내 지난날도 힘이 빠진다. 남이 쥐고 있는 떡이 커 보이는 순간, 지금까지 맛있게 먹고 있던 내 손의 작은 떡은 개떡이 되고 만다. 정작 그 잘난 타인은 나를 멸시하지 않았다. 내가 나를 멸시했을 뿐.

터무니없이 사소한 말에 찔려 죽은 사람들이 있지.

그런 사람들은 너무 소심해서 자기가 죽은 줄도 모르지.

(……)

죽은 후에도 전기밥솥의 코드를 꽂아 쌀을 안치고

김치를 담가 밥을 해 먹어야 하는 일과 같지.

성가셔 죽겠지.

죽고 나서도 죽겠다고 엄살이지.

소심한 w양은.

_ 유형진, 〈심장〉에서

이 시를 볼 때마다 저 w양 하는 짓이 참 나 같아서 '풋!' 웃게 된다. 할리우드영화에서 자주 나오는 대사 중에 "Don't judge me"라는 말이 있다. 자막에선 주로 "날 판단하지 마"라고 번역되지만, 그 뉘앙스는 "무슨 권리로 나에게 너만의 잣대를 들이대며 이건 옳다 저건 그르다 함부로 말하느냐?"에 가깝다. 타인을 그것도 성인어른을 '판단하는judge' 행위는 대단히 무식한 결례로 여겨진다.

카피를 잘 쓰는 A선배는 카피를 천재적으로 잘 쓰는 B선배와 자주 비교를 당한다. 이러쿵저러쿵 '판단'하는 입만 살아 있는 사람들 때문에 신경이 날카로워질 법도 한데 A선배는 의연하다. 내가 "나 같으면 그런 말들에 상처받고 몇 날 며칠 끙끙거렸을 거예요"라고 말하면 선배는 그냥 이렇게 말할 뿐이다. "걔는 하늘이고 나는 땅이야." 그냥 받아들이고 열심히 자기 카피를 쓴다. 일희일비하지 않고 꿋꿋이

271

쓴다. 잘 쓸 때도 있고 못 쓸 때도 있지만, 카피 쓰는 게 일이니까 그 냥 쓴다. 나 같은 애가 이런저런 말에 상처받아 머리 쥐어뜯으며 앉아 있느라 카피를 못 쓰는 시간에 선배는 계속 쓴다. 그래서 선배가 카피를 잘 쓰나 보다.

소설가 은희경의 산문집에서 이런 구절을 읽고 메모했다. "나를 기쁘게 만들 수 있는 사람만이 나를 기쁘게 하지 않을 권력을 갖게 된다." 나를 '판단'하는 상사나 동료, 그밖에 나를 잘 알지도 못하는 수많은 사람이 백이면 백 나를 언제 한 번 기쁘게 해준 적이 있는 '내 인생의 사람'이던가?

나에게 상처 되는 말을 던지는 백 명 중의 단 몇 명, 예를 들어 일하면서 만났지만 이제 '내 인생의 사람'이 되어버린 오래된 친구의 결코 달콤하지 않은 직언은 들어야 하고, 회사 선배였지만 어느새 인생의 선배가 된 독설가 선배의 한 마디 한 마디는 피가 배어나올 것처럼 쓰려도 듣는 게 맞다. 하지만 나보다는 자신을 아끼는 게 분명한 타인들의 말을 나는 왜 그렇게 귀담아듣고 오래 곱씹어가며 아파하는 걸까? 나중에 이야기할 기회가 생겨 들어보면, 그들은 "내가 그랬어?" 그런 말을 했었는지조차 기억하지 못한다. 에픽테토스의 말대로, 자기 자신 외에 자기 자신에게 상처 주는 이는 아무도 없다.

심리학에서는 자신의 못나고 부족한 부분까지 있는 그대로 다 받아들인 후에도 자신을 존중하는 상태를 '자존감이 높다'고 말한다.

272

그런 사람은 '지가 뭔데 나한테 그런 말을 해?' 쉽게 자존심이 상하지도 않는다. 누가 무슨 말을 하든, 어떤 비난을 하든 자기 자신을 소중히 여기고 존중하기 때문이다.

자존감이 조금씩 떨어지다가 지나치게 낮아지면 열등감의 늪에 빠지게 된다. 누군가 아무 의미 없이 웃어도 자신을 비웃는 것으로 받아들이고, 남들이 아직 주지도 않은 상처까지 머릿속에서 만들어 자기 가슴에 확 꽂아버리고는 아프다고 운다.

내가 그랬다. 오늘의 나는 충분히 내 인생 중 최악인데 내일이 오면 또 오늘보다 한층 더 최악인 내가 있었다. 점점 늙고, 살찌고, 결혼도 못하고, 회사에서도 잘리고, 팀에서 밀리고, 모아둔 돈도 없고…… 그렇게 오늘의 '못난 년'이 내일 '더 못난 년'으로 자꾸 악화될 뿐이라면 더 살지 않는 게 낫겠다는 생각까지 했다. 비난은 천둥소리처럼 귀에 와 꽂히고, 칭찬은 속삭임처럼 스쳐지나갔다. "우리 진희가 어디가 어때서?" "네가 얼마나 매력이 많은데." "네가 뭐가 걱정이야?" 내 모습이 안타까워 걱정하는 사람들의 진심어린 위로는 귓등으로도 들리지 않았다.

하지만 못난 년은 못나서 못난 게 아니다. 자기가 '잘난 년'이라는 걸 몰라서 못난 것이다. 좀 못나도 괜찮다는 걸 몰라서 못난 것이다. 《내 나이 서른하나》의 저자 야마모토 후미오山本文諸는 이렇게 썼다. "싫은 것은 싫다. 싫은 사람도 싫다. 내 성격이 그러니까 봐달라고 하지는 않는다. 다른 사람들 덕분에 사는 것도 아니고 다른 사람들을 위해서 사는 것도 아니다. 나는 재미있을 때만 웃고 재미없을 때는 웃지 않겠다. 사는 건 이렇게 간단한 일이 아닌가."

만날 남의 눈만 의식하고, 남의 말만 신경쓰고, 남 생각만 하지 말고 이제 내 생각을 좀 하자. 이제껏 나에게 "너는 왜 니 생각을 안 하니?"라고 물어본 사람은 없다. 하지만 이제 알 것 같다. 내가 못난 년처럼 굴면서 나를 아프게 한 건 내 생각을 덜 했기 때문이라는 걸. 나는 그냥 '이런 사람이 한번 돼봐야지' 내가 결정한 모습으로 살면 되는 것이다. 어렸을 때 반찬을 가려먹으면 편식한다고 혼났지만, 어른들이 가려먹으면 취향으로 존중받는다. 내가 결정한 내 모습을 분명하게 드러내면서 징징거리지 말고 책임지며 살면 되는 것이다. 다 큰 어른이 그렇게 하겠다는데, 그런데도 여전히 비난과 충고를 늘어놓는다면, 그건 그들이 못나고 폭력적인 것이다.

서른다섯까지는
연습이다

남 신 경 안 쓰 는 법

미국 매사추세츠주 콩코드에는 랠프 에머슨Ralph Waldo Emerson의 시에 등장하는 작은 나무다리가 있다. 한때 콘크리트로 튼튼하게 새로 지어졌다가 그 시 이후 나무다리였던 원래 상태로 복원되었다. 사람들은 두고두고 그 작은 나무다리를 사랑하게 되었다.

우리는 작은 나무다리다. 누군가의 충고에 튼튼해져야겠다 다짐도 해보고, 누군가의 비난에 상처받고 꽁꽁 싸매도 보았지만, 그 누군가들의 바람을 다 만족시키지도 못한 채 흉터만 남았다. 시간만 지나갔다. 그냥 그대로 작은 나무다리로 있었으면 좋겠다. 내 모습을 바꾸고 싶을 때도 내가 바라는 대로, 더 강해지고 싶을 때도 내가 바라는 방향으로, 나 스스로 결정했으면 좋겠다. 가장 '나'다운 '나'는 내 속에 있다. 그 작은 나무다리처럼.

나는 속았다…

서른다섯까지는 연습이다

초판 1쇄 발행 2013년 1월 27일
초판 9쇄 발행 2013년 11월 5일

지은이 노진희

펴낸이 손은주 **편집주간** 이선화 **마케팅** 손은숙 **경영자문** 권미숙
디자인 모리스 **일러스트** 백두리

주소 서울시 마포구 공덕동 105-74 서부법조빌딩 6층
문의전화 070-8835-1021(편집) **주문전화** 02-394-1027(마케팅)
팩스 02-394-1023
이메일 bookaltus@hanmail.net

발행처 (주) 도서출판 알투스
출판신고 2011년 10월 19일 제25100-2011-300호

ⓒ 노진희 2012
ISBN 978-89-968088-0-0 (03320)